아는 만큼 돈 버는
부동산과 세금

세금을 알아야 부동산 투자로 돈을 벌 수 있다!

아는 만큼 돈 버는 부동산과 세금

최신 개정 세법

택스코디
최용규
지 음

세무사도 아닌데 세금에 관한 몇 권의 책을 집필했습니다. 오랜 기간 경험을 바탕으로 실제 사례를 들어 설명하니 독자들이 이해하기가 쉬웠나 봅니다. 그래서인지 감사하게도 책이 많은 사랑을 받게 되었습니다. 자연스럽게 강의 요청이 들어와 세무사도 아닌 사람이 세금 강의를 제법 하고 다닙니다. 역시 부동산 세금 강의는 열기가 후끈합니다. 강의를 마치면 꼭 들리는 소리가 있습니다.

"조금 더 일찍 알았으면 좋았을 텐데."

맞습니다. 아는 만큼 보이는 거죠. 부동산 세금 상식은 일찍 알면 알수록 좋습니다. 부동산은 일생을 살아가면서 떼래야 뗄 수 없는 요소입니다. 자가이든 아니든 누구나 거주는 해야 하고, 집주인이든 세입자든 그 과정에서 임대차 계약도 반드시 해야 합니다. 그래서 부동산 가격 변화에도 관심을 가져야만 합니다.

수많은 정보가 넘쳐나는 시대입니다. 이 정보들을 자기 것으로 만들려면, 먼저 정보를 정확하게 해석하는 힘이 있어야 합니다. 정보를 해석하는 힘을 바탕으로 각자 처한 환경에 맞게 적용할 줄 알아야 합니다. 이것이 바로 부자들의 세테크 방식입니다. 이 책이 당신의 부동산 세테크 출발점이 되었으면 합니다.

부동산에 대한 지식 부족으로 손해 보는 사람들이 많이 있습니다. 이미 계약이 끝난 상황에서 마땅히 할 수 있는 일은 없습니다. 단칸방에 월세를 살아도 부동산 지식이 있어야 소중한 재산을 지킬 수 있으므로 부동산 세금 공부는 필수입니다.

그동안 강의와 상담을 하면서 겪은 사례와 지식을 부동산 세금 초보자들에게 하나라도 더 알려주고 싶은 마음으로 집필을 했습니다.

절세의 차이는 곧 수익률의 차이로 이어집니다. 특히나 계속되는 각종 부동산 규제로 인해 세법이 더욱 복잡해져 가는 요즘은 세금을 잘 아는 사람과 모르는 사람이 얻는 수익의 차이가 상당합니다. 따라서 내 돈을 지키고 더 많은 수익을 내기 위해서는 세금에 관해 더욱 정확하게 알고 있어야 합니다.

이 책에서는 세금의 기초부터 양도소득세 비과세를 위한 주택 보유기간 재산정 문제, 다주택자의 양도소득세, 주택임대사업자의 임대소득세, 그리고 상속·증여세까지 부동산 세금의 모든 것을 일목요연하게 정리했기 때문에 이 책의 내용만 제대로 알고 있어도 훌륭한 절세 플랜을 스스로 설계할 수 있을 것입니다.

부동산 거래를 한 번이라도 해본 사람은 세전 수익과 세후 수익은 굉장한 차이가 난다는 사실을 알고 있을 것입니다. 부동산은 취득할 때, 보유할 때, 양도할 때 모두 내야 할 세금의 종류가 많아 그 금액 역시 상당하므로 절세 방법을 아는 사람과 모르는 사람의 수익 차이는 클 수밖에 없습니다.

또 지금은 계속해서 1주택자가 혜택을 받기 위해 갖춰야 할 조건도 까다로워지고 있습니다. 따라서 이제는 투자자뿐 아니라 대한민국에서 부동산을 한 채라도 소유하고 있거나 소유할 예정인 사람이라면 세금은 필수로 알아두어야 합니다.

부동산 세금이 어렵게 보이는 가장 큰 이유는 처음 접하는 용어가 많기 때문입니다. 이를 극복하는 방법은 자주 접하는 것입니다. 어려운 용어로 이해가 되지 않으면 관련 페이지를 두세 번만 천천히 읽어 보세요. 어느 순간 용어와 친해지는 경험을 할 수 있을 것입니다.

최근 급변하는 부동산 대책으로 각종 세금 규제가 강화되면서 조금 복잡해 보일 수도 있습니다. 그러나 걱정하지 않아도 됩니다. 큰 틀만 이해하면 얼마든지 실무적으로 활용이 가능해지기 때문입니다.

이 책을 통해 선택과목이 아닌 필수과목 부동산 세금에 대해 궁금한 점들이 해소되기를 바랍니다. 자, 그럼 이제 시작해 볼까요.

목
차

··· Contents

PART 8 증여가 답이 되는 시대이다

PART 9 가족의 미래를 위해 상속세를 챙기자

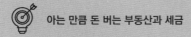

과세대상이란 무엇을 말하는 건가요?
과세표준이란 무엇을 말하는 건가요?
여러 종류의 세율을 살펴보자

세금을 알려면 용어부터 알아야 한다

과세대상이란 무엇을 말하는 건가요?

　대부분은 세금이라고 하면 복잡하고 어렵다고 생각해 세금 이야기만 나오면 고개를 절레절레 흔들곤 합니다. 막상 알고 보면 매우 간단한 내용인데 말입니다.

　그 이유는 세금 용어 자체가 일상생활에서 사용하지 않는 전문 용어이기 때문입니다. 하지만 절세를 통해 성공적인 부동산 투자를 이루고자 한다면 최소한의 세금 기본용어를 익히고 익숙해질 필요가 있습니다.

　부동산 초보 투자자가 꼭 알아야 할 주요 세금 용어를 정리해보았습니다. 여기서 다루는 용어들은 세금에 대해 궁금한 내용을 찾아보거나 기사를 읽을 때 자주 나오는 것들입니다. 구체적으로 어떤 상황에 쓰이는지 속뜻까지 다 외우진 않더라도 기본적인 개념은 알아두어야 합니다. 한번 그 의미를 알아둔다면 어느새 이러한 용어들이 친숙하게 느껴질 것입니다.

세알못

아버지의 사망으로 어머니, 동생과 함께 재산을 상속받고 상속세를 신고했습니다. 어머니의 상속세는 1,000만 원이고, 동생과 저의 상속세는 667만 원입니다. 동생은 몇 년간 사업이 어려워 상속을 받고도 상속세를 내지 못하고 있습니다. 동생이 미납한 상속세를 어머니와 제가 대신 내야 한다는데, 맞나요?

택스코디

'납세의무자'란 한마디로 '세금을 납부할 의무가 있는 자'를 말합니다. 더 쉽게 말하면 '세금을 내야 하는 사람'입니다. 모든 소득에는 세금이 발생합니다. 금융소득, 부동산소득, 근로소득, 복권당첨소득, 경품당첨소득 등 소득의 유형을 불문하고 소득이 생긴 사람에게는 세금을 내야 하는 의무가 자동으로 발생합니다.

그런데 어떠한 사정으로 본래의 납세의무자에게서 세금을 징수하기 곤란하거나 본래의 납세의무자가 세금을 내지 못한 경우에는 2차적으로 세금을 내야 하는 의무를 지닌 제2차 납세의무자 또는 연대 납세의무자가 대신 세금을 물어야 합니다. 대표적인 예로 상속세 및 증여세법에서 공동상속자에 대한 연대납세의무 규정을 들 수 있습니다.

만일 상속인 중 1인이 상속세를 내지 못한 경우 공동상속자는 연대해 납세의무를 집니다. 따라서 세알못 씨는 상속세에 대해 연대 납세의무가 있으므로, 만일 동생이 상속세를 내지 못한다면 어머니와 대신 상속세를 낼 의무가 있습니다.

□ **납세의무자 유형**

납세의무자	과세대상별로 분류되는 납세의무자, 일반 개인이나 개인·법인 사업자등을 납세의무자로 하고 있습니다.
제2차 납세의무자	납세의무자가 납세의무를 이행할 수 없을 때 납세의무자와 특수관계에 있는 자로서 본래의 납세의무자를 대신해 납세의무를 지는 자를 말합니다. (예 : 법인의 과점주주)
연대 납세의무자	하나의 납세의무에 대해 각각 전액의 납세의무를 지는 2인 이상의 납세의무자. 공동사업을 운영하는 경우 등이 이에 해당합니다.

세알못

　얼마 전에 상가를 샀습니다. 최근 들어 보유세를 강화하는 정부 정책에 대한 소식이 계속 들려오면서 상가에 대한 보유세가 부담스럽지는 않을지 걱정입니다. 제가 상가를 보유하면서 부담하게 될 보유세로는 어떠한 것이 있나요? 또 정부의 보유세 강화 방침이 영향을 미치나요?

택스코디

　과세대상은 세금이 부과되는 대상을 말합니다. 세금이 부과되는 대상은 물건이나 행위, 소유재산, 소득 등 여러 가지가 있을 수 있는데 법에 구체적으로 정해져 있습니다.

　예를 들어 토지·건축물의 취득행위는 취득세 과세대상으로 명시되어 있으며, 토지·건축물을 양도하면서 발생하는 양도차익은 양도소득세 과세대상으로 명시되어 있습니다. 주택을 제외한 건축물은 재산세 과세대상이지만 종합부동산세 과세대상이 아니므로 종합부동산세 납세의무는 없습니다.

세알못 씨가 구입한 상가를 토지와 건축물로 나누어 생각해봅시다. 건축물과 토지는 모두 재산세 과세대상이므로 건축물과 토지에 대한 재산세를 내야 합니다. 그러나 종합부동산세는 사정이 다릅니다. 건축물은 종합부동산세 과세대상이 아니며, 사업용으로 쓰이는 토지는 과세대상(별도합산과세 대상)이지만 공시가격이 80억 원이 넘어야 과세 됩니다. 따라서 대부분 상가는 종합부동산세가 발생하지 않습니다.

과세표준이란 무엇을 말하는 건가요?

 세알못

2년 미만으로 보유한 상가를 매도하려고 합니다. 5억 원을 주고 취득했으며 6억 원에 매도하길 원합니다. 2년 미만 보유 후에 매도할 경우 양도소득세율이 40%라고 하는데 취득세, 공인중개사 보수, 세무사 수수료, 상가 리모델링 비용으로 5천만 원을 지출했습니다. 주위에서 세금으로 4천만 원을 내야 한다는 데 여간 억울한 게 아닙니다. 양도소득세는 정말 4천만 원인가요?

택스코디

과세표준이란 세법에 따라 직접적으로 세액산출의 기초가 되는 과세물건의 수량 또는 가액을 말하는 것입니다. 대부분 세금은 투자 활동 등을 통해 얻은 수입금액을 기준으로 사용된 지출금액을 차감해 과세표준을 정하고 있으며, 과세표준에 세율을 곱해 계산한 값을 내야 할 세금으로 정하고 있습니다.

만약 부동산에 투자해 부동산 취득 금액 대비 1억 원의 수익이 발생했고 세율이 10%라고 가정해 봅시다. 이때 부담해야 할 양도소득세는 1천만 원일까요? 1억 원의 수익이 발생했지만, 법에서 인정해주는 경비 지출과 장기보유특별공제, 기본공제를 하고 난 후의 금액이 과세표준이 되고, 여기에 10%의 세율을 적용하므로 실제 세금은 1천만 원보다 적은 금액이 됩니다.

근로소득도 연봉에 세율을 적용하는 것이 아니라, 법에서 정하고 있는 공제 항목들을 차감하고 난 후의 금액의 과세표준에다 세율을 곱해 적용합니다. 따라서 수익·소득과 과세표준은 다른 의미이며, 정확한 세액산출을 위해서는 과세표준을 계산할 줄 알아야 합니다.

먼저 과세표준을 구해봅시다. 상가를 구입 후 보유하는 동안 지출한 취득세, 공인중개사 수수료, 세무사 수수료, 리모델링 비용

등은 모두 공제가 가능한 비용들입니다. 따라서 과세표준은 매도가격 6억 원에서 취득가액 5억 원과 각종 공제액 5천만 원, 법으로 정해진 기본공제액 250만 원을 차감한 4,750만 원입니다.

즉 양도소득세는 1억 원에 40%를 곱해서 구하는 것이 아니라 과세표준 4,750만 원에 40%를 곱해서 구해야 합니다. 그러면 내야 할 세금은 1,900만 원 정도가 됩니다.

여러 종류의 세율을 살펴보자

세율이란 세액을 산출하기 위해서 과세표준에 곱하는 비율을 말합니다. 세율은 표시방법에 따라 정률세율과 정액세율로, 과세표준 크기의 변화에 따라 비례세율과 누진세율로 구분할 수 있습니다.

또 세율은 세금의 종류에 따라 항목별·금액별로 적용되는 세율이 다릅니다. 일단 세율은 과세표준에 곱해지는 비율이라고만 알고 있어도 충분합니다.

◎ 세율의 표시방법에 따른 분류

1 정률세율

백분율(%)로 표시되는 세율로, 과세표준이 종가세로 이루어지는 세목이 이에 해당합니다. 근로소득세, 취득세, 재산세, 양도소득세, 종합부동산세, 상속세, 증여세 등 우리가 일반적으로 접하는 대부분 세금이 종가세와 정률세율로 이루어져 있습니다.

❷ 정액세율

화폐단위(원)로 표시되는 세율로서 과세표준이 종량제로 이루어지는 세목이 이에 해당합니다.

참고로 대부분의 조세는 종가세와 정률세율 방식을 취하고 있습니다. 예를 들어 상가 등의 건물을 매입할 때 상가 매입금액을 1억 원이라고 가정하면, 취득세는 '1억 원(종가세) × 4%(정률세율)'로 계산합니다.

종량세는 일부 세목에만 적용됩니다. 예를 들면 지목(땅의 이름) 변경을 하려면 변경등기를 해야 하는데, 이럴 때 세액은 '변경등기 1건(종량세) × 6,000원(정액세율)'으로 계산하며 종량세와 정액세율이라는 용어를 사용하고 있습니다.

◎ 과세표준 크기와 변화에 따른 분류

1 비례세율

비례세율이란 과세표준의 크기와 관계없이 일정하게 정해진 세율을 말하는 것으로, 단순비례세율과 취득·등록 면허세처럼 과세대상에 따라 비례세율이 두 가지 이상으로 적용되는 차등비례세율이 있습니다.

2 누진세율

과세표준이 커질수록 점차 높아지는 세율을 말하는 것으로 단순누진세율과 초과누진세율이 있습니다. 단순누진세율은 과세표준이 증가함에 따라 그 전체에 대해 단순하게 고율의 세율을 하나씩 적용하는 방식입니다. 초과누진세율은 과세표준의 금액을 여러 단계로 구분하고 높은 단계로 올라갈 때마다 순차적으로 각 초과단계마다 더 높은 세율을 적용하는 방식입니다.

부동산을 판매하고 소득이 발생하면 일반적으로 양도소득세로 세금을 신고합니다. 양도소득세는 양도소득 과세표준을 계산해서 세율을 적용해 세금을 계산하는데, 이때 적용되는 세율이 누진세율입니다.

누진세율이란 소득금액이 높을수록 적용되는 세율이 높아지는 세율 체계입니다. 특정연도에 부동산 판매 횟수가 많아지거나, 하나의 부동산을 판매하더라도 양도소득이 높을수록 높은 세율이 적용됩니다. 부동산 판매 시 발생하는 세금의 절세는 이러한 누진세율을 이해하는 것부터 그 출발점이 되며, 한 사람의 바구니에 담기는 소득이 높을수록 세금도 많아지므로 소득의 분산이 절세의 답이 되기도 합니다.

누진세율이란 다시 말하면 소득이 증가하면 적용되는 세율도 높아지는 세율입니다. 돈을 2배 더 벌어서 세금이 2배 더 나오는 것은 누진세율이 아닌 비례세율입니다.

누진세율이란 소득이 2배가 되었을 때 세금은 2배보다 더 커지도록 적용되는 세율이며, 초과누진세란 소득이 증가하면 적용되는 세율이 저율에서 고율로 단계적으로 점점 증가하는 세율입니다.

예를 들어 과세표준이 1,200만 원이면 소득세는 72만 원(1,200만 원 × 6%)입니다. 하지만 과세표준이 2배가 되는 2,400만 원이 되면, 소득세도 2배인 144만 원이 아닌, 2배 이상인 252만 원(1,200만 원 × 6% + 1,200만 원 × 15%)이 되도록 적용되는 세율입니다.

우리나라는 개인소득세·법인세·상속세 및 증여세에 초과누진세율을 적용하고 있으며, 소득재분배 기능과 경기 안정 기능을 중요시할수록 초과누진세율이 높아지게 됩니다.

[개인소득세 기본세율]

과세표준(종합소득금액−소득공제)	세율	누진공제
1,200만 원 이하	6%	−
1,200만 원 초과 ~ 4,600만 원 이하	15%	108만 원
4,600만 원 초과 ~ 8,800만 원 이하	24%	522만 원
8,800만 원 초과 ~ 1억5천만 원 이하	35%	1,490만 원
1억5천만 원 초과 ~ 3억 원 이하	38%	1,940만 원
3억 원 초과 ~ 5억 원 이하	40%	2,540만 원
5억 원 초과 ~ 10억 원 이하	42%	3,540만 원
10억 원 초과	45%	6,540만 원

[소득세 과세표준 구간 조정]

(2023년 1월 1일부터 적용 예정)

과세표준 (단위: 만 원)	세율
1,400만 원 이하	6%
1,400만 원 초과 ~ 5,000만 원 이하	15%
5,000만 원 초과 ~ 8,800만 원 이하	24%
8,800만 원 초과 ~ 1억 5천만 원 이하	35%
1억 5천만 원 초과 ~ 3억 원 이하	38%
3억 원 초과 ~ 5억 원 이하	40%
5억 원 초과 ~ 10억 원 이하	42%
10억 원 초과	45%

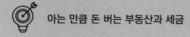 아는 만큼 돈 버는 부동산과 세금

부자들은 세금 공부를 열심히 한다
부동산을 투자할 때는 세금부터 고려하자
절세의 출발은 신고기한을 지키는 것이다
세금이 어려운 이유는 이거 때문이다

부자들은
이렇게
세테크를
한다

부자들은 세금 공부를 열심히 한다

부자들이 현재의 자산을 축적할 수 있었던 가장 큰 원천은 노동에 의한 '사업소득'이었고 두 번째 부의 원천으로는 부동산투자, 세 번째는 상속 및 증여라고 합니다. 결국 부자가 현재의 자산을 축적할 수 있었던 대표적인 원천은 사업소득, 부동산투자, 그리고 상속 및 증여의 순이라는 점을 알 수 있습니다.

사업소득을 통해 벌어들인 소득을 가진 현재 50대 이상의 세대가 부동산투자로 부의 축적을 이어갑니다. 그리고 이제 너무 큰 격차가 벌어져서 자본소득과 노동소득의 차이를 감당할 수 없는 자녀 세대에게 상속과 증여를 통해 부의 이전을 도와주고 있는 형태입니다. 부의 이전을 받은 자녀 세대는 또 다시 본인을 위해 부동산투자 또는 사업소득을 확대하고, 이는 또 다시 자녀의 자녀인 손주를 위한 부의 이전인 상속과 증여로 이어질 것입니다.

그런데 자산축적의 3가지 방법인 사업소득, 부동산투자, 상속 및 증여의 공통점은 무엇일까요?

바로 고액의 세금이 발생한다는 점입니다. 그러므로 자산관리를 하는 부자 중에 세금 공부를 하지 않는 사람은 없습니다. 소득과 부의 이전에 대한 의사결정은 그에 따르는 세금이 반영된 세후 금액을 기준으로 하기 때문입니다.

그렇다면 앞으로 미래세대, 우리의 자녀도 부를 축적할 수 있을까요? 코로나19 대유행 이후 시장 독과점은 오히려 심해졌습니다. 소수 대기업이 해외가 아닌 '국내 온라인 플랫폼', '중소기업 골목상권'을 비대면으로 장악하고, 중소기업과 소상공인에게 과도한 비용을 전가하고 있는 양상이기 때문입니다. 이렇게 일부가 부의 독점을 하게 되고, 국가의 성장 동력이 힘을 계속해서 잃는다면 자산을 축적할 수 있는 원천인 사업소득의 비중은 점점 줄어들 것입니다. 이는 결국 자산 축적방식의 변화로 이어질 것입니다. 현재 부를 축적한 세대가 상속과 증여를 통한 부의 이전을 하게 될 때, 부를 이전받은 세대가 세금을 내고 남은 부를 관리하기 위해 더욱 많은 연구가 필요하게 됩니다.

즉, 생존을 걸고 본인의 자산을 지키기 위해 세금을 공부해야 한다는 것입니다. 재테크 방식으로 부의 증가를 위한 방식만을 고수하는 것이 아닌 세후 수익을 높이기 위한 세테크 방식을 고민하는 자산관리 방식이 갈수록 각광 받는 이유이기도 합니다.

하지만 세금은 용어부터 어렵기만 합니다. 그렇다면 믿음직한 세무사에게 모든 걸 맡기기만 하면 될까요? 전혀 그렇지 않습니다. 이미 자산관리 전문 세무사의 상담예약은 몇 달 기다려야 하는 것이 일상이 되었고, 수시로 바뀌는 부동산 정책으로 과세관청의 세법판단과 의견도 바뀌는 경우가 적지 않습니다.

그렇다고 익명의 부동산 단톡방이나 인터넷카페 같은 곳에 본인의 고민을 올려서 스쳐 지나가듯 하는 비전문가들의 답변만 믿고 고가의 부동산을 관리해서도 안 됩니다.

세법은 매년 개정을 거듭하고 있습니다. 새로운 세법을 적용해야 하는데, 몇 년 전 세법을 이야기하면서 '이거 아닌가요?'라고 할 수는 없는 노릇입니다. 그러므로 본인의 자산관리를 위해서는 끊임없이 세금을 공부해야 합니다. 그래야만 세무사의 상담 내용을 정확히 이해하고, 적절한 질문을 던질 수 있으며, 그에 따른 정확한 답변을 얻을 수 있습니다. 더불어 새로운 세법 개정안이 나왔을 때 또는 나오기 전부터 시장변화를 예측해 다음 단계로 나아가기 위해서도 세금 공부는 필요합니다.

부자들은 어떠한 의사결정 전에 최대한 많은 변수에 대한 최신 정보를 취합한 후, 리스크를 파악하고, 그에 따라 더 나은 결정을 한다는 점을 잊지 말아야 합니다.

부동산을 투자할 때는
세금부터 고려하자

아끼고 저축하는 것만으로는 재산을 늘리기 힘든 시대입니다. 금리는 낮고 물가는 계속 오르는 상황 속에서 이제 재테크는 선택이 아닌 필수입니다. 특히 부동산은 많은 사람에게 주목받는 재테크 수단이죠. 누군가 아파트에 투자해 차익으로 몇억 원을 벌었다는 말을 들으면, 재테크의 해법은 바로 부동산이구나 하는 생각이 들기 마련입니다. 이 때문인지 한동안 집값이 가파르게 상승하기도 했습니다. 그러다 보니 정부의 부동산 관련 세법도 수시로 변화하고 있습니다.

하지만 부동산투자에 뛰어든다고 해서 누구나 큰 수익을 올리는 건 아닙니다. 반대로 큰돈을 날린 이들의 뼈아픈 실책도 무수히 많습니다. 투기 세력을 잡기 위한 정부의 세금 정책에 역풍을 맞아 수천만 원의 세금을 추징당하는 일도 부지기수입니다. 동일한 가치의 부동산을 소유하고 있음에도 불구하고 누군가는 재산을 늘리고 누군가는 세금을 늘리는 판이한 결과를 얻게 되는 것입니다.

어떻게 세무 처리를 하느냐에 따라 힘들게 번 재산을 지킬 수도 있고, 그렇지 못할 수도 있습니다. 특히 부동산 관련 세금은 다양한 종류의 세금 중에서도 가장 복잡합니다. 거미줄처럼 얽혀 있어서 첫 실마리를 잘 풀지 못하면 공들여 쌓아 놓은 재산이 어느 순간 세금으로 뒤바뀌어 버리는 어이없는 경험을 하게 될 수도 있습니다. 실제로 투자 수익률이 높은 사람들은 세금을 자유자재로 다루는 이들입니다

세테크를 잘 한다는 것은 곧 최종 수익률을 높인다는 것입니다. 대부분 사람이 수익률을 계산할 때 투자한 실투자금 대비 발생한 수익만으로 계산하곤 합니다. 조금 더 꼼꼼히 수익률을 계산하는 사람들은 중개사 수수료와 법무 비용, 취득세까지 포함하기도 합니다.

그러나 제대로 된 세테크는 양도소득세, 종합소득세, 재산세 등 이후의 세금까지 고려하는 것입니다. 어차피 최종 수익은 세금을 내고 난 세후 이익이기 때문입니다. 아래 예를 한 번 볼까요.

1억 원짜리 집을 사서 보증금 2천만 원에 월세 30만 원으로 세를 놓았다가 1억 2천만 원에 팔았다고 가정하여 계산합니다.

□ **실투자금 : 1천만 원**

= 매입금액 1억 원 – (대출금 7천만 원 + 보증금 2천만 원)

□ **월세 수익 : 150만 원**

= 30만 원 × 12개월 – 대출금 7천만 원 × 대출금리 연 3.0%

□ **매매 수익 : 2천만 원**

= 매도가 1억 2천만 원 – 취득가 1억 원

□ **임대수익률 : 15%**

= (월세 순이익 150만 원 / 실투자금 1천만 원) × 100

□ **매매수익률 : 200%**

= (매매 수익 2천만 원 / 실투자금 1천만 원) × 100

많은 사람이 이런 식으로 수익률을 계산하고, 나쁘지 않다고 결론 내립니다. 그러나 실제로는 매입, 매도, 월세에 대한 중개수수료, 등기비용, 법무 비용, 도배·장판 등의 수리비용으로 대략 250만 원은 더 지출될 것 같습니다. 그뿐 아니라 집을 살 때 취득세, 보유 시 재산세, 팔 때 내는 양도소득세, 임대수익에 대한 종합소득세 등도 생각해야 합니다. 이 모든 세금을 합쳤을 때 약 300만 원이라고 가정하면, 각종 비용과 세금을 더해 550만 원의 돈이 더 지출되었습니다. 다시 계산해보겠습니다.

□ **실투자금 : 1.550만 원**

= 매입금액 1억 원 - (대출금 7천만 원 + 보증금 2천만 원)
+ 세금 포함 각종 비용 550만 원

□ **월세 수익 : 150만 원** (상동)

□ **매매 수익 : 1,450만 원**

= 매도가 1억 2천만 원 - 취득가 1억 원 - 세금 포함 각종 비용
550만 원

□ **임대수익률 : 9.7%**

= (월세 순이익 150만 원 / 실투자금 1,550만 원) × 100

□ **매매수익률 : 94%**

= (매매 수익 1,450만 원 / 실투자금 1,550 원) × 100

구분	세전 수익률	세후 수익률
임대수익률	15%	9.7%
매매수익률	200%	94%

어떤가요? 세금과 비용을 포함해서 계산해보니 훨씬 낮은 수익률이 나왔습니다. 보다시피 세금은 투자자의 최종 수익률을 결정하는 중요한 요소입니다.

 세알못

미처 생각하지 못했는데 세금으로 꽤 많은 돈이 나가네요. 여러 가지 고려사항도 많고 복잡해 보이는 데 저 같은 개인도 세금계산을 할 수 있을까요?

 택스코디

생각만큼 어렵지 않습니다.

모든 세금은 '과세표준 × 세율'이란 공식으로 계산됩니다. 그러므로 세금을 줄이기 위해서는 과세표준의 크기를 줄이거나 세율을 낮추면 됩니다. 간단하죠?

그럼 하나하나 차근히 알아가 볼까요.

절세의 출발은 신고기한을 지키는 것이다

 세알못

부산 해운대에 거주하고 있습니다. 최근 서울 종로구에 소재하는 오피스텔을 구입했습니다. 오피스텔의 취득세를 신고하고 납부해야 하는 과세관청은 부산 해운대구청인가요? 서울 종로구청인가요?

택스코디

'납세지'란 납세자의 신고, 신청, 청구 및 납부 등의 관할 관청이 어디인가 하는 장소적 기준을 말합니다. 세금을 신고하거나 납부할 때 과세관청이라고 아무 데나 가서 신고하고 내는 것이 아니라 반드시 기준장소의 관할 과세관청에 신고하거나 납부하도록 되어 있습니다.

세금을 신고할 경우 국세는 홈택스, 지방세는 위택스 홈페이지를 이용해 전자신고와 우편신고가 가능합니다. 납부 또한 가까운 은행에 직접 내거나 전자납부, ARS 등으로도 가능하므로 납세자가 직접 과세관청에 가서 신고하거나 납부해야만 하는 것은 아닙니다. 다만 신고서나 납부서를 작성할 때 과세관청이 어디인지 기재하도록 되어 있는데 이를 정확하게 기재해야 올바르게 신고·납부가 되었다고 볼 수 있으니 잘 확인해야 합니다.

세알못 씨가 취득세를 신고·납부해야 할 곳은 바로 서울 종로구청입니다. 취득세는 지방세에 해당하며 취득하는 물건의 소재지를 납세지로 하고 있으므로 새로 매입한 오피스텔의 소재지인 종로구청에 취득세를 신고·납부해야 합니다.

 세알못

구입한 지 2년이 채 되지 않는 상가를 6월 10일(잔금지급일)에 매도했습니다. 그렇다면 언제까지 양도소득세를 신고하고 내야 하나요?

 택스코디

모든 세금은 신고하고 납부해야 하는 기한이 법으로 정

해져 있습니다. 이를 세법에서는 신고 및 납부기한이라고 하며, 세금의 종류에 따라 그 기한이 각각 다릅니다. 법에서 정한 신고·납부기한을 지키지 않으면 가산세가 추가되는 불이익이 있으므로 주의해야 합니다. 자신이 내야 할 세금의 신고·납부기한을 미리 확인하고 준비할 필요가 있습니다.

세알못 씨는 상가 매도일 6월 10일이 속하는 달의 말일인 6월 30일부터 2개월 후인 8월 31일까지 양도소득세를 예정신고하고 납부해야 합니다. 만일 A 씨가 같은 해에 상가 외의 다른 부동산을 매도했다면 합산해서 다음 해 5월 1일부터 5월 31일까지 확정신고를 해야 합니다.

주요 부동산 세금 유형별 신고 및 납부기한은 다음 표와 같습니다.

[부동산 세금 신고 및 납부기한]

구분	신고 및 납부기한	비고
취득세	취득일로부터 60일 이내	상속에 따른 취득의 경우 상속개시일이 속하는 달의 말일로부터 6개월 이내
등록면허세	등기·등록 전 (등기접수일까지)	

재산세	토지·주택분 1/2	9월 16일~ 9월 30일 (고지·납부 기한)	주택에 대한 재산세 산출세액이 20만 원 이하인 경우에는 납기를 7월 16일부터 7월 31일까지로 해 한꺼번에 부과·징수할 수 있음
	건축물·선박· 항공기 및 주택분 1/2	7월 16일~ 7월 31일 (고지·납부 기한)	
종합부동산세		12월 1일~ 12월 15일 (고지·납부 기한)	원칙적으로 고지·납부 방식이지만, 종합부동산세를 신고납부방식으로 납부하고자 하는 경우의 법정신고·납부기한도 동일
양도 소득세	예정신고	양도일이 속하는 달의 말일로부터 2개월 이내	부담부증여의 경우 3개월 이내
	확정신고	양도일이 속하는 연도의 다음해 5월 1일부터 5월 31일까지	

세금이 어려운 이유는 이거 때문이다

 세알못

취득세도 개편됐습니다. '생애 첫 주택의 취득세 감면을 확대하고 다주택자 중과를 완화한다'라는 내용이 담겨 있는데 수요자들한테 어떤 영향을 줄 수 있을까요? 거래 활성화가 될까요?

택스코디

좋다고 보입니다. 무주택자들이 이제 생애 최초 주택 취득하는 것도 일부분 좀 영향이 있을 것 같습니다. (그런데 그렇게 크지는 않을 겁니다.) 그것보다 고기도 먹어본 사람이 맛을 안다고 내가 0에서 1로 가려는 사람보다 한 2주택 이상 있는 사람들이 오히려 두 채 팔아버리고 똘똘한 하나로 가는 게 더 좋을 수도 있습니다.

그리고 이거는 그냥 어디까지나 제 개인적인 가정인데, 만약에 전반적인 세제를 다 내려버린다면 저는 이 똘똘한 한 채 트렌드가 바뀔 수 있다고도 보입니다.

세알못

그러면 똘똘한 여러 채? 만약 이 다주택자에 대한 규제가 그동안 핵심이었는데, 다주택자에 대한 규제를 많이 풀게 되면, 그럼 굳이 한 채만 갖고 있어야 할 이유가 사라지는 거네요.

택스코디

부담할 수 있는 수준 내에서 보유세를 그냥 내는 거죠. (장기적으로 주택 수에 따른 중과세율이 없어져 버릴 수도 있습니다) 그리고, 재산세와 종합부동산세도 통합이 될 수도 있습니다.

또 주택 임대사업자를 눈여겨봐야 합니다. 주택임대 사업자가 중간에 좀 많이 바뀌기도 해서 많이 속상했을 겁니다. 만약에 이번에 개정된 내용이 나온다면 혹시 나는 좀 이런 쪽으로 사업을 좀 제대로 해보고 싶다. 그러신 분들은 또 하나의 기회가 될 수도 있습니다.

'케이스 바이 케이스 (case by case)'

세금이 어려운 이유, 각자의 상황이 다 다르기 때문입니다. 한번 압축해서 정리해보겠습니다.

일단 무주택에서 1주택으로 가는 사람들이 있죠. 이 사람들은 대부분 공동명의가 유리합니다.

취득세와 재산세는 단독명의든 공동명의든 똑같습니다. 그리고 양도소득세는 무조건 유리합니다. 양도소득금액을 분산시켜 버리기 때문입니다. 그럼 마지막 남은 하나가 종합부동산세인데 얼마 전에 법이 바뀌어서 1주택 공동명의면 단독으로 하는 거와 공동으로 하는 거 중 하나를 선택할 수 있습니다.

또 비슷한 입지라면 조금이라도 신축으로 가는 게 좋습니다. 만약에 나는 신축 구축 상관없이 입지 자체를 아예 바꿔버리고 싶다면 좀 좋은 데로 그냥 가버리면 됩니다.

예컨대 수지에서 살다가 좀 더 나은 강남권으로 가고 싶은데 곧바로 가려면 조금 힘든 경우가 대부분입니다. 그때는 어쩔 수 없이 몇 번 '퐁당퐁당'을 해야 합니다. 그때 써먹을 수 있는 게 원 플러스 원 전략입니다. 재건축 원 플러스 원이 아니고 내가 주택을 하나 가지고 있습니다. 이때 분양권을 사버리는 것입니다.

세알못

왜 분양권을 사는 거죠?

택스코디

   그 이유는 2021년 1월 1일이 지난 후 분양권을 사면 지역에 상관없이 기존 주택을 3년 안에 팔아버리면 됩니다. 그럼 일시적 2주택 비과세 적용이 가능합니다. 그리고 만약 준공이 안 되어서 3년을 넘겨버리면 준공되고 나서 2년 안에만 팔면 종전 주택이 비과세가 됩니다. 따라서 최대 5년의 시간을 벌 수 있습니다. 이런 것도 한번 고려해 보는 게 좋습니다.

   마지막으로 3주택 이상 다주택자들은 보유세부터 따져 봐야 합니다. 그리고 주택 임대소득세도 봐야 합니다.

   내가 과연 지금 3주택 이상 갖고 있으면서 계속 보유할 때 내야 하는 세금 부담을 버틸 수 있을 것인가를 분명히 따져야 합니다. 버티기 어렵다고 판단되면 지금 당장 할 수 있는 절세법 중 하나가 바로 부담부증여입니다.(174쪽 참고)

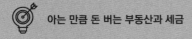 아는 만큼 돈 버는 부동산과 세금

무주택자가 1주택을 취득한 경우의 취득세는?
취득세 중과세는 어떤 경우에 적용될까?
취득세, 주택 수와 세대 분리가 중요하다
취득세가 감면되는 주택이 있다

취득세
중과에
대응하자

3

무주택자가 1주택을
취득한 경우의 취득세는?

부동산은 취득할 때도 세금을 내고, 보유 중에도 세금을 내고, 처분할 때도 세금을 내야 합니다. 이번 장에서는 부동산을 취득할 때의 세금에 대해 살펴보겠습니다.

매매, 교환, 상속, 증여, 기부, 법인에 대한 현물 출자 등과 그 밖에 이와 유사한 취득으로써 취득 방법에 따라 대가를 지급하거나(유상), 또는 대가 없이(무상) 소유권이 변경되었을 때 취득했다고 말합니다. 이때 발생하는 세금이 취득세입니다.

주택을 유상(매매)취득하는 경우 2019년까지 과세표준 금액별로 1%·2%·3%의 단일 세율이 적용되었으나, 2020년부터 6억 원 ~ 9억 원 구간 세율이 기존 2%에서 1% ~ 3%(0.01% 단위)로 세분화되었고, 1세대 4주택 이상이면 4%의 세율이 적용되는 등 취득세 세율이 개편되었습니다.

그런데 2020년 8월 12일 다주택자·법인의 주택 취득에 대한 중과세제도가 도입되면서 '1세대 4주택 이상 4% 세율'은 폐지되었고, 현재는 주택 유상 취득 시 표준세율(1%~3%)과 중과세율(8%, 12%) 대상으로 크게 구분됩니다.

세알못

주택을 6억 5천만 원에 샀는데, 취득세는 얼마인가요?

택스코디

취득세는 '과세표준 × 세율'로 계산됩니다.

취득가액 6억 원~ 9억 원 구간 취득세율은 다음과 같이 계산됩니다.

> **(주택 취득 당시의 가액 × 2 / 3억 원 - 3) × 1/100,**
> 소수점 다섯째자리 이하 반올림하여 소숫점 넷째자리까지 계산

□ **취득세 적용세율 :** 1.33%

= (6억 5천만 원 × 2 / 3억 원 – 3) × 1/100

□ **취득세 :** 8,645,000원

= 6억 5천만 원(과세표준) × 1.33%

2020년 7월 10일 대책 발표 후 2020년 8월 12일 이후 주택을 취득하는 경우에는 1세대가 기존에 보유하고 있는 주택 및 새롭게 취득하는 주택의 수를 합산하여 주택 수를 확인하고, 새롭게 취득하는 주택이 조정대상지역인지, 비조정대상지역인지에 따라 변경된 세율이 적용됩니다. 이 변경된 세율은 유상 매매 및 무상 취득 중 증여에 의한 거래에만 적용되며, 원시 취득 등에는 적용되지 않습니다.

[7.10. 대책 전후 취득세율]

7.10. 대책 이전 취득세율	– 6억 원 이하 1%/6억 원~9억 원 1.01%~3% – 4번째 주택 취득세 4%
7.10. 대책 이후 취득세율	– 6억 원 이하 1%/6억 원~9억 원 1.01%~3% – 2번째 주택의 취득부터 8% 또는 12% 적용

취득세 중과세는 어떤 경우에 적용될까?

 세알못

신규 취득 주택(조정대상지역에 위치)이 2번째 주택인 경우는 취득세율이 어떻게 되나요?

 택스코디

일시적 2주택인 경우에는 1%~3%의 취득세율이 부과되지만, 그렇지 않은 경우라면 8% 중과세율이 적용됩니다.

또 신규 취득 주택(조정대상지역에 위치)이 3번째 주택 이상이라면 12% 중과세율이 적용됩니다.

만약 새롭게 취득하는 주택이 비조정대상지역에 소재한다면 다음과 같습니다.

□ **신규 취득 주택이 2번째인 경우**

종전 규정에 따라 거래금액에 의해 계산된 1%~3%의 취득세율이 부과됩니다.

□ **신규 취득 주택이 3번째인 경우**

단일세율 8%가 적용됩니다.

□ **신규 취득 주택이 4번째인 경우**

단일세율 12%가 적용됩니다.

다주택 취득세 중과세율은 기존에 소유하고 있던 주택의 지역 구분과는 무관합니다. 기존 주택이 조정대상지역이냐 비조정대상 지역이냐와 무관하게 '새로 취득하는 주택이 조정대상지역인 경우'에만 중과세율이 적용됩니다.

따라서 전국 어디든 1주택을 보유하고 있는 상황에서 비조정대상지역에 1주택을 추가로 취득하는 경우에는 1세대 1주택과 같은 1~3% 취득세율을 적용받지만, 1주택자가 조정대상지역에 1주택을 추가로 취득하는 경우에는 8%로 취득세를 내야 하죠.

이미 2주택을 보유하고 있는데 비조정대상지역에 1주택을 추가 취득하면 8%의 취득세율이 적용되고, 2주택자가 조정대상지역에 1주택을 추가로 취득하면 12%로 중과된 취득세율을 적용받습니다.

이미 3주택이 있는 상황에서 4주택을 추가 취득하는 경우에는 지역과 무관하게 무조건 최고 중과세율인 12%로 취득세를 부담해야 합니다.

이렇게 취득세 중과세율은 신규 취득주택의 조정대상지역 여부에 따라 크게 달라집니다. 2주택째 혹은 3주택째 주택을 취득하는 경우에는 신규 취득주택이 어느 지역인지를 잘 확인해서 취득세 부담까지 고려해야 하겠습니다.

무거운 취득세 부담을 피하기 위해서는 어떤 경우에 다주택으로 구분되는지에 대한 정보가 매우 중요합니다.

이사나 결혼 등에 의해 불가피하게 주택 수가 늘어나면 예외적으로 주택 수에서 배제해주기도 하지만, 이미 다주택자라면 그 적용 여부가 헷갈리기 쉽습니다. 다주택자가 이사 목적으로 새로 취득하는 주택은 일시적인 주택소유로 인정되지 않습니다. 이미 2주택이 있거나 3주택인 경우에는 살던 집을 이사하려고 조정대상지역에 신규주택을 취득하더라도 새로 1주택을 더 추가 취득하는 것으로 보고 8%나 12%의 중과세율이 적용됩니다.

분양권과 입주권은 그 자체로는 취득세 과세대상이 아니지만, 분양권과 입주권을 통해 실제 주택을 취득하는 시점에서 다주택이 될 때는 지역에 따른 취득세 중과가 적용될 수 있습니다.

　또 준공되기 전이라도 분양권과 입주권은 주택을 취득하는 것이 예정돼 있으므로 소유주택 수에 포함됩니다. 분양권이나 입주권이 있는데, 추가로 조정대상지역에 신규주택을 취득한다면 중과세율로 취득세를 부담해야 하는 이유입니다.

세알못

　조정대상지역 내 주택을 증여받았습니다. 증여취득세율은 어떻게 적용되나요?

택스코디

　조정대상지역의 시가표준액 3억 원 이상의 주택을 증여받았다면 12% 세율이 적용됩니다. 하지만 1세대 1주택자의 주택을 배우자 또는 자녀가 증여받으면 종전 규정을 적용합니다.

이때 변경되는 세율은 법 시행일 이후 신규 취득(취득세의 납세의무 성립 시점: 잔금일) 시점에 성립하는 것입니다. 하지만 법 개정 이전의 계약 보호를 위해 대책 발표 시점인 2020년 7월 10일 이전에 매매 계약을 체결하고 계약금 지급 사실 등이 증빙서류에 의해 확인되는 경우에는 종전 규정을 적용합니다.

기존 주택 포함 주택 수		조정대상지역	비조정대상지역
개인	1주택	1%~3%	1%~3%
	2주택	8%	1%~3%
	3주택	12%	8%
	4주택 이상	12%	12%
증여로 인한 취득		12%(공시가격 3억 원 초과인 경우)	3.5%
법인의 주택 취득		12%	12%

1 기타 취득에 대한 세율

주택을 매매가 아닌 상속·증여받거나 신축하는 경우의 취득세율은 다음과 같습니다.

원시취득(신축 등)	상속취득	증여취득
2.8%	2.8%	3.5%

❷ 상속으로 인한 1가구 1주택에 대한 취득세 특례

 무주택자가 주택을 상속받으면 취득세는 2.8%가 아닌 0.8%를 적용받습니다. 피상속인의 사망일을 기준으로 무주택 여부를 판단하고 주택을 상속받는 상속인과 세대별 주민등록표에 함께 기재되어 있는 가족 모두가 무주택이어야 합니다.

취득세, 주택 수와 세대 분리가 중요하다

세법에선 1세대가 취득하는 주택이라고 규정하고 있으므로 세대의 기준을 먼저 확인할 필요가 있습니다. '지방세법 시행령'에서 세부 내역을 보면, 주민등록표에 함께 기재되어 있는 가족을 기준으로 합니다. 이때 동거인은 제외합니다. 또 배우자 및 30세 미만 미혼 자녀는 주소를 달리하고 있어도 동일 세대로 판단합니다. 다만, 30세 미만의 자녀라도 중위소득 기준 40% 이상(2021년 기준 약 매월 75만 원)의 소득이 인정된다면 별도세대로 판단하며, 자녀가 65세 이상 부모를 봉양하기 위해 합가해도 별도의 세대로 판단합니다.

취득세 중과 기준의 대상이 되는 주택 수는 취득하는 주택을 포함해서 1세대가 소유하고 있는 주택 수로 규정합니다. 조합원 입주권과 분양권 및 주택으로 사용하는 오피스텔도 포함됩니다. 다만 주택 수에 가산되는 조합원 입주권, 분양권 및 주택으로 사용하는 오피스텔 등은 법 시행일 이후 취득하는 경우부터 주택 수에 가산됩니다. 또 조정대상지역으로 지정되기 전에 계약하고, 계약금 지급 내역이 확인되는 경우에는 조정대상지역으로 지정되기 전에 취득한 것으로 보고 예외 규정을 적용합니다.

다주택자의 주택 수 판단 시 중과제외주택은 해당 주택의 취득 시에 중과세에서 제외될 뿐 아니라 다른 주택 취득 시 보유주택 수 산정에서도 제외됩니다. 하지만 중과제외주택과 주택 수 산정에서 제외되는 주택이 반드시 일치하지는 않습니다. 중과제외 주택 등 주택 수 산정에서 제외되는 주택 유형을 보면 다음과 같습니다.

❶ 중과제외주택

주택 수 산정일 현재 시가표준액(주택공시가격)이 1억 원 이하인 주택은 제외되는데, 재개발·재건축 사업구역 내 주택 등은 1억 원 이하라도 제외하지 않습니다.

취득 시에는 시가표준액이 1억 원 이하였지만, 다른 주택의 취득일(주택 수 산정일) 현재 1억 원을 초과할 경우 해당 주택은 주택 수에 포함됩니다.

사업용노인복지주택, 공공지원민간임대주택으로 공급하기 위해 취득하는 주택, 가정어린이집, 사원임대주택, 국가등록문화재주택, 주택건설사업자가 주택건설사업을 위해 멸실목적으로 취득하는 주택, 공사시공자가 대물변제로 취득하는 주택, 농어촌주택 등 일정 요건을 충족하는 경우 주택 수 산정에서 제외합니다.

② 주거용건물 건설업자가 신축하는 주택

주거용 건물 건설업을 영위하는 자가 신축하여 보유하는 주택은 주택 수 산정에서 제외합니다. 자신이 건축주가 되어 주택을 건축했으나 아직 판매되지 않은 재고 주택을 의미합니다. 다만, 해당 주택에 자기 또는 타인이 거주한 기간이 1년 이상인 주택은 주택 수에 포함합니다.

③ 상속주택

상속을 원인으로 취득한 주택, 조합원 입주권, 주택 분양권 또는 오피스텔은 상속개시일부터 5년간 주택 수에서 제외합니다. 상속받은 주택의 지분만 소유한 경우에는 주된 상속자 적용기준에 따라 주된 상속인의 주택 수에 포함되고 주된 상속인인 아닌 경우에는 주택 수 산정에서 제외됩니다. 2020년 8월 12일 이전에 상속받은 경우라면 2025년 8월 12일까지는 주택 수 산정 시 고려할 필요가 없습니다.

한편 상속받은 주택 분양권 또는 조합원 입주권이 주택으로 전환

취득세 중과에 대응하자

된 경우에는 5년의 기간이 경과하지 않았더라도 주택으로 봅니다.

❹ 저가 오피스텔

2020년 8월 12일 취득하는 주택분 재산세가 부과되는 오피스텔은 주택 수로 산정하는데, 이 경우라도 시가표준액이 1억 원 이하인 오피스텔은 주택 수 산정에서 배제됩니다.

취득세가 감면되는 주택이 있다

2020년 7.10. 대책에서 생애최초 주택 구입에 대한 취득세 감면이 신설됐습니다. 청장년층 등 전 국민의 생애 최초 주택 구입을 지원하기 위한 취지로 2023년 12월 31일까지 취득세를 감면합니다. 2022년 6월 21일부터 감면의 전제조건이었던 연소득과 주택가격에 대한 제한이 사라졌습니다. 연소득이 7,000만 원을 넘고, 주택가격이 4억 원을 넘더라도 생애 최초로 구입하는 주택은 200만 원 한도 내에서 취득세 감면이 가능해졌습니다. 살면서 처음으로 집을 사는 사람에겐 소득·집값 등 아무것도 묻지 않고 취득세 최고 200만 원을 면제해 주기로 했습니다.

(종전 생애최초 주택 취득세 감면제도는 부부 합산 연 소득 7,000만 원 이하 가구 중에서도 수도권 4억 원·비수도권 3억 원 이하 주택을 구입할 때만 집값에 따라 취득세를 감면해줬습니다. 1억5,000만 원 이하 주택 취득세는 전액 면제하고 이를 초과하면 50% 깎아줬습니다.)

한편 다주택자에 해당하더라도 취득자가 생애최초 주택 구입 감면대상이면 취득세 중과세율 적용이 배제됩니다. 다만, 당해 감면받은 주택이 감면요건을 충족하지 못하여 추징대상이 될 때는 당초 중과세율을 적용하여 추징됩니다.

다음의 요건 중 어느 하나에 해당하면 취득세가 추징됩니다.

- □ 주택을 취득한 날부터 3개월 이내에 상시 거주를 시작하지 않은 경우

- □ 주택을 취득한 날부터 3개월 이내에 추가로 주택을 취득하는 경우(상속으로 인한 추가 취득은 제외)

- □ 해당 주택에 상시 거주한 기간이 3년 미만인 상태에서 해당 주택을 매각·증여하거나 다른 용도(임대 포함)로 사용하는 경우

그리고 임대사업자가 임대목적으로 공동주택을 건축하거나 공동주택·오피스텔을 건축주로부터 최초로 분양받으면 아래의 내용에 따라 2024년 12월 31일까지 취득세를 감면합니다.

2020년 8월 18일 이후 종전 단기임대(4년)는 폐지되고 장기임대(8년)는 임대 기간이 10년으로 늘었으며, 신규 등록하는 장기매입임대(10년) 중 아파트가 제외됨으로 인해 지방세 감면대상에서도 제외되었으며, 매입임대에 대해서는 2020년 8월 12일부터 가격요건이 신설되었습니다.

[임대등록주택 제도 개편 현황]

주택구분		신고 및 납부기한	
		매입임대	건설임대
단기임대	단기(4년)	폐지	폐지
장기임대	장기일반 (8년→10년)	허용 (다만, 아파트 불가)	허용
	공공지원 (8년→10년)	허용	허용

❶ 건설임대사업자

임대사업자(취득일부터 60일 이내에 해당 임대용 부동산을 임대목적물로 하여 등록한 경우를 말함)가 임대할 목적으로 공동주택을 건축하는 경우 그 공동주택에 대해서는 지방세를 2024년 12월 31일까지 감면합니다.

감면범위는 전용면적 60㎡ 이하인 공동주택을 취득하는 경우에는 취득세를 면제합니다. 다만, 감면세액이 200만 원을 초과하면 85% 감면이 적용됩니다.

그리고 장기임대주택(10년 이상 장기임대 목적의 전용 60㎡ 초과 85㎡ 이하인 임대주택)을 20호 이상 취득하거나, 20호 이상의 장기임대주택을 보유한 임대사업자가 추가로 장기임대주택을 취득하는 경우에는 취득세의 50% 감면이 적용됩니다.

취득세 중과에 대응하자

❷ 매입임대사업자

임대사업자가 임대할 목적으로 건축주로부터 공동주택 또는 오피스텔을 최초로 분양받으면 그 공동주택 또는 오피스텔에 대해서는 지방세를 2024년 12월 31일까지 감면합니다.

7.10 대책으로 가격 요건이 신설되었는데, 2020년 8월 12일 이후는 취득 당시 가액이 3억 원(수도권은 6억 원)을 초과하는 경우에는 감면 대상에서 제외됩니다. 다만 2020년 8월 12일 전에 취득한 경우는 가격 요건을 적용하지 않습니다.

임대 외의 용도로 사용하거나 매각·증여하여 임대사업자 등록이 말소된 경우에는 감면된 취득세를 추징합니다. 다만, 의무임대기간 중이라도 단기민간임대주택 또는 장기임대주택 중 아파트를 임대하는 민간매입임대주택의 임대사업자가 임차인의 동의를 얻어 임대사업자 등록을 말소하는 경우에는 추징이 제외됩니다.

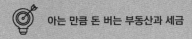 아는 만큼 돈 버는 부동산과 세금

보유하기만 해도 세금을 내야 한다
부동산 팔 생각이면 연초부터 계획을 세우자
2023년 종합부동산세, 뭐가 달라지나?

보유세
줄여보자

보유하기만 해도 세금을 내야 한다

2018년 4월부터 양도소득세 중과에 이어 한 가지 세목에 더 주목해야 합니다. 바로 보유세입니다. 특히 서울 고가주택을 중심으로 보유세가 꽤 많이 올랐습니다. 공시가격이 올라가면 재산세와 종부세 등 보유세도 올라가게 됩니다.

 세알못

공시가격이 무엇이고, 왜 보유세가 같이 움직이는 것일까요?

 택스코디

공시가격은 정부에서 매년 고시하는 토지, 건물과 같은 부동산 가격을 의미합니다. 특히 땅에 대한 공시가격을 '공시지가'라고 하고 주택(건물)의 경우에는 시세보다 낮게 책정되는 것이 특징입니다. 공시가격은 재산세와 종부세의 산정 기준이 됩니다.

그럼 이제 재산세와 종부세를 구하는 계산식을 확인할 차례입니다. 내가 부담해야 하는 세금이 얼마인지 파악하려면 이에 대한 계산식을 보는 게 가장 기본입니다. 재산세와 종부세를 구하는 계산식은 다음과 같습니다.

> □ **재산세**
>   = 공시가격 × 공정시장가액비율(60%) × 재산세 세율
>
> □ **종합부동산세**
>   = (주택 공시가격의 합 – 과세기준금액) × 공정시장가액비율
>   (2023년 80% 예정) × 종합부동산세 세율

계산식을 보면 재산세와 종합부동산세 모두 공시가격에 특정 값을 곱하게 되어 있습니다. 따라서 공시가격이 올라가면 재산세와 종합부동산세는 당연히 올라갈 수밖에 없는 구조입니다.

또 공정시장가액비율을 올리느냐 내리느냐에 따라 보유세가 출렁이기 때문에 연일 관심의 대상이 되고 있습니다. 공정시장가액비율은 과세표준을 낮춰 세 부담을 줄이기 위한 일종의 할인 제도

로 도입했지만, 다주택자들의 매물 출회를 위해 이 비율을 매년 올린 결과 2019년 85% → 2020년 90% → 2021년 95% 등으로 매년 올라갔습니다.

공정시장가액비율은 재산세, 종합부동산세(종부세) 등 보유세를 결정하는 데 중요한 역할을 합니다.

주택에 세금을 매길 때는 시세가 아닌 '과세표준'이 기준이 됩니다. 주택 공시가격에 공정시장가액비율을 곱한 게 과세표준입니다. 과세표준에 세율 등을 곱해서 최종 세액을 도출하는 식입니다. 따라서 공정시장가액비율이 오를수록 세액도 커질 수밖에 없습니다.

재산세의 경우 주택의 공정시장가액비율은 시가표준액의 60%, 토지 및 건축물은 시가표준액의 70%로 수년간 고정돼 있습니다. 종부세 공정시장가액비율은 매년 계단식으로 오르고 있습니다.

위 계산식을 보면 종합부동산세는 공시가격 합산액에서 공제액을 빼고 공정시장가액비율을 곱해 과세표준을 산출하게 돼 있습니다. 현행 종부세법에 따르면 이 비율은 부동산 시장의 동향과 재정 여건 등을 고려해 60~100% 범위에서 대통령령으로 정할 수 있습니다.

2018년만 해도 이 비율이 80%에 머물러 있었습니다. 9·13대책을 통해 2019년부터 5%포인트씩 올리겠다는 계획을 발표하면서 2019년 85%, 2020년 90%, 2021년 95%까지 올랐습니다.

2022년 계획대로 100%까지 올라가서 공정시장가액비율 범위에서 최고치를 찍으려고 했으나 공시가격 급등, 세율 인상 등으로 급등한 종부세 부담을 덜어주기 위해 정부는 2022년 종부세 공정시장가액 비율을 당초 예정된 100%가 아닌 60%를 적용해 세 부담을 줄이기로 했습니다.

보유세는 해마다 내야 하는 세금입니다. 재산세는 토지분을 7월에, 그리고 주택분을 9월에 납부합니다. 또 종합부동산세 대상이라면 12월에도 세금을 내야 합니다. 정리하면 종합부동산세 대상자가 되는 순간 7월 및 9월에 재산세를 내고 뒤이어 12월에는 종합부동산세를 내야 합니다. 보유세는 해마다 내야 하는 세금이므로, 세금이 올라가면 제법 부담이 될 것입니다.

종합부동산세를 구하는 공식에서 과세기준금액은 다주택자는 6억 원(2023년부터는 9억 원으로 바뀔 예정)을 차감하고 1주택자는 여기에 5억 원을 더해 11억 원(2023년부터는 12억 원으로 바뀔 예정)을 차감합니다. 또 2주택 이상 보유자에 대해서는 종합부동산세 세율을 더 높게 적용하고 있습니다.(2023년부터는 다주택자 중과세율이 폐지될 예정입니다.)

'지피지기 백전불패'라는 말이 있습니다. 종합부동산세 과세 대상자라면 앞으로 정부가 어떤 방안을 채택하는지를 계속 지켜보고, 최종 방안에 따라 대응하는 것이 현명한 자세입니다.

부동산 팔 생각이면
연초부터 계획을 세우자

올해 부동산을 팔거나 증여할 생각이라면 연초부터 서두르는 것이 좋습니다. 보유세인 재산세나 종부세의 과세기준일이 6월 1일이기 때문입니다. 5월 말까지 팔면 올해 재산세나 종부세는 납세의무가 없으므로 내지 않아도 됩니다. 이런 이유로 6월 1일 이전에 다주택자들이 내놓은 부동산 매물 수가 급격히 늘어나기도 합니다. 고가주택을 보유한 다주택자의 경우 단 하루 차이로 많게는 수천만 원의 세금을 부담해야 하는 상황이 생길 수 있어 이를 고려해서 매도일을 정하는 것입니다. 2022년의 경우, 5월 10일부터 1년간 한시적으로 시작된 양도세 중과 배제를 적용받는 동시에 재산세 부과를 피하려고 내놓은 매물이 연초와 비교해 실제로 증가한 것으로 알려졌습니다.

세알못

그런데 만약 정확히 6월 1일에 집을 팔면 세금은 누가 내는 걸까요?

 택스코디

재산세 납부는 잔금 지급일을 기준으로 하는 경우가 많습니다. 5월 31일이나 6월 1일 당일에 잔금을 모두 치렀다면 과세 기준일인 6월 1일 전에 매수인(집을 사는 사람)이 사실상 소유자가 되었으므로 매수인이 재산세를 부담해야 합니다.

하지만 6월 2일부터는 상황이 달라집니다. 6월 2일에 잔금을 모두 치르게 되면 전날인 1일에 이미 재산세 납세자가 결정됐기 때문에 6월 1일 기준 사실상의 소유자였던 매도인(집을 파는 사람)이 재산세를 냅니다. 종부세도 이와 같은 기준을 적용합니다.

세금 부담이 커지다 보니 매매가 급한 일부 매도인은 '선등기 후 잔금'의 조건을 걸고 집을 내놓기도 합니다. 잔금에 대해서는 매도인이 근저당을 설정하고, 이후에 받는 조건을 거는 것입니다. 소유권을 먼저 넘기는 위험부담을 지더라도 세금 부담이 크기 때문에 이런 상황은 빈번히 일어나고 있습니다.

재산세 과세기준일에 대해 잘 몰라 억울하게 재산세를 무는 상황이 발생할 수 있습니다. 이를 방지하기 위해서는 매도인이 과세기준일을 기준으로 10일 이내에 부동산 소재지 관할 지자체(시청, 군청 등)에 미리 재산세 변동 신고를 해야 재산세를 물지 않을 수 있습니다.

주택 재산세 산출세액의 절반은 매년 7월 16일부터 7월 31일까지, 나머지 반은 9월 16일부터 9월 30일까지 내야 합니다. 해당 연도에 부과할 세액이 20만 원 이하일 때는 조례로 정하는 바에 따라 납기를 7월 16일부터 7월 31일까지로 하여 한꺼번에 부과·징수할 수 있습니다.

 세알못

재산세도 분납이 가능한가요?

 택스코디

재산세 납부세액이 250만 원을 초과하는 경우 내야 할 세액의 일부를 납부기한이 지난날부터 2개월 이내에 분할납부가 가능합니다. 분할납부를 원하면 재산세의 납부기한까지 재산세 분할납부 신청서를 시장·군수·구청장에게 제출해야 합니다.

납부할 세액	분납할 세액
250만 원 초과 500만 원 이하	납부할 세액에서 250만 원을 차감한 세액
500만 원 초과	납부세액의 50/100 이하의 금액

재산세 납부세액이 1천만 원을 초과하는 경우 납세의무자의 신청에 따라 해당 자치단체의 관할구역에 있는 부동산에 대해서만 물납을 신청(납부기한 10일 전까지)할 수 있으며, 지방자치단체장이 물납 대상 부동산을 평가하여 물납허가 여부를 결정합니다.

참고로 고지서 1장당 재산세(재산세 도시지역분 포함한 세액)가 2천 원 미만이면 재산세를 징수하지 않습니다.

 세알못

주택을 올해 10월에 팔았습니다. 7월, 9월 재산세를 다 냈는데 올해 남은 기간에 대해서 환급신청 할 수 있나요?

 택스코디

재산세는 과세기준일(6월 1일) 현재의 소유자에게 해당 연도의 세액 전액이 부과됩니다. 따라서 기납부분에 대해 환급하지 않습니다.

2023년 종합부동산세, 뭐가 달라지나?

다주택자가 부담하는 종합부동산세(종부세) 중과세율이 일괄 폐지될 예정입니다. 이로 인해 공시가격합산 10억 원의 주택을 보유한 조정대상지역 2주택 보유자는 5,688만 원가량 종부세 부담을 덜게 됩니다. 또 집값 급등에 따라 주택 종부세 기본공제액은 9억 원, 1세대 1주택자의 경우 12억 원으로 높아집니다.

'2022년 세제개편안'(2022년 7월 21일 발표)에 따르면 정부는 주택 수에 따라 징벌적으로 물리는 현행 종합부동산세(종부세) 제도를 전면 개편합니다.

우선 종부세 과세 체계가 주택 수 기준에서 가액 기준으로 전환될 예정입니다. 다주택자가 부담하는 종부세 중과세율을 폐지하고 각자 보유한 자산 규모에 따라 세금을 매기는 것입니다.

현재 다주택자(조정대상지역 2주택 이상·3주택 이상)는 1주택 기본 세율(0.6~3.0%)보다 높은 1.2~6.0% 중과세율로 세금을 냅니다.

이런 다주택 중과세율을 폐지해 3억 원 이하는 0.5%, 3억~6억 원 0.7%, 6억~12억 원 1.0%, 12억~25억 원 1.3%, 25억~50억 원 1.5%, 50억~94억 원 2.0%, 94억 원 초과는 2.7% 등으로 세율이 개정될 예정입니다. 법인의 경우 2.7%의 단일세율이 적용될 예정입니다.

역시 주택 수에 따라 다르게 적용하는 세 부담 상한(기본세율 대상 주택 150%·중과세율 대상 주택 300%)도 150%로 단일화될 예정입니다.

[2022년 세법개정안 종합부동산세 세율 조정]

과세표준	세율(%)
3억 원 이하	0.5
3억 원 초과 6억 원 이하	0.7
6억 원 초과 12억 원 이하	1.0
12억 원 초과 25억 원 이하	1.3
25억 원 초과 50억 원 이하	1.5
50억 원 초과 94억 원 이하	2.0
94억 원 초과	2.7
법인	2.7

주택분 종부세 기본공제금액도 2023년부터 9억 원으로 기존보다 3억 원 상향됩니다. 2006년 이후 조정이 없었고 2018년부터

2022년까지 공동주택 공시가격이 63.4% 상승한 것이 반영된 조치입니다.

1세대 1주택자에 대한 종부세 기본공제금액은 12억 원으로 1억 원 상향됩니다.

또 1세대 1주택자는 종부세 특별공제를 도입해 2022년 한시적으로 종부세 기본공제금액 11억 원에 더해 3억 원 특별공제를 적용합니다. 과세기준금액을 11억 원에서 14억 원으로 상향하는 것입니다.

따라서 공시가격이 15억 원이면 원래대로라면 2022년 98만 원을 내야 합니다. 하지만 앞으로는 세 부담이 37만 원으로 줄어들게 됩니다. 30억 원 주택은 1,082만 원에서 556만 원으로 줄어듭니다.

인별 1주택자의 경우 10억 원 주택의 2022년 세 부담은 197만 원에서 2023년 25만 원으로 감소합니다. 30억 원 주택은 기존 2,981만 원에서 1,417만 원만 내면 됩니다.

조정대상지역 2주택 보유자가 공시가격합산 10억 원의 주택을 보유하고 있으면 2022년 550만 원에서 2023년 33만 원의 세금만 내면 됩니다. 공시가격합산 30억 원 주택보유자의 세 부담은 7,151만 원에서 1,463만 원으로 감소합니다.

또 현금 유동성이 부족한 고령자·장기보유자의 경우 주택 상속 증여 양도 시점까지 종부세 납부가 유예될 예정입니다. 60세 이상 또는 5년 이상 보유, 1세대 1주택자, 총급여 7,000만 원 이하(종합 소득금액 6,000만 원 이하), 종부세 100만 원 초과할 경우가 대상입니다.

종부세 과세기준이 주택 수에서 가액기준으로 전환하면 시세가 낮은 저가주택을 여럿 보유한 다주택자 종부세 부담이 크게 줄어 듭니다. 종부세 부담을 이유로 급하게 증여하거나 매각을 결정하지 않아도 될 시간을 벌게 됐습니다. 수도권의 교통망 확충지, 신축주택 부족지, 업무지구 인접 주택은 이번 종부세 경감으로 매각보다 보유로 돌아설 확률이 높아 보입니다.

최근 시장 트렌드였던 이른바 '똑똑한 한 채'(핵심입지에 주택을 1채만 보유하려는 경향)에도 영향이 미칠 것입니다. 현재 거주 중인 곳보다 입지가 좋은 곳으로 이사하려는 심리는 예전부터 있었고, 현재진행형입니다. 똑똑한 한 채 현상 이면에는 주택 수에 따라 징벌적 세금을 매긴 영향이 컸는데 이 부분이 해소된 만큼 예전보다 집중도가 낮아질 수 있습니다.

이번 조치가 도시와 농촌의 이중생활 패턴을 만들어낼 가능성도 있습니다. 지방 저가주택이 1주택자 종부세 판정 시 주택 수에서 제외되면 대도시 아파트 한 채는 그대로 보유하고 지방 소규모 단독주택을 매입해 평일은 도시, 주말은 농촌으로 이중생활을 하는 '멀티해비테이션(multi-habitation)'이 트렌드가 될 수 있습니다.

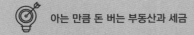 아는 만큼 돈 버는 부동산과 세금

양도소득세 계산법과 절세법을 알아보자

양도소득세는 어떻게 계산되는가?

지금 당장 집을 팔아야 한다면 반드시 따져 봐야 할 세금이 있습니다. 바로 '양도소득세'입니다. 집을 샀을 때 가격하고 비교해서 오른 금액에 대해 세금을 내는 방식입니다. 주택 수와 보유기간 등에 따라 각각 다른 세율과 공제율이 적용되며, 매년 세법 규정이 바뀌고 있어 집주인들에겐 매우 골치 아픈 세금입니다.

양도소득세는 부동산을 산 날부터 파는 날까지 보유기간 동안 발생한 소득에 대해 과세하는 세금입니다.

 세알못

양도할 때 오히려 손해 본 경우는 어떻게 되나요?

 택스코디

부동산을 양도하면서 소득이 발생하지 않았거나 오히려

손해를 본 경우에는 양도소득세가 과세 되지 않습니다.

　부동산을 팔게 되면 파는 날이 속하는 달 말일부터 2개월 안에 주소지 관할 세무서에 예정 신고 및 납부를 해야 합니다. 예를 들어 2021년 4월 25일에 잔금을 받았다면 양도소득세 예정신고 및 납부기한은 2021년 7월 1일까지입니다. 예정신고를 안 하면 내야 할 세액의 20%인 무신고가산세와 납부지연 가산세가 부과되니 기한을 놓치면 안 됩니다.

　예정신고가 끝났다면 확정신고 단계입니다. 올해 부동산을 여러 건 양도했다면 그 다음 해 5월 1일부터 5월 31일 사이에 주소지 관할 세무서에 확정신고를 해야 합니다. 여러 번이 아니라 딱 1번만 판 경우에 예정신고를 마쳤다면 확정신고는 안 해도 됩니다. 예정신고나 확정신고를 하지 않으면 정부에서 세액을 결정해서 고지합니다. 신고나 납부를 하지 않으면 가산세는 역시 추가로 붙게 되니 미리미리 자발적으로 신고하는 게 좋습니다.

세알못

양도세도 분납이 가능한가요?

택스코디

만약 납부할 세액이 1,000만 원이 넘으면 내야 할 세액의 일부를 납부기한이 지나고 2개월 동안 나눠 낼 수 있습니다. 내야 할 세금이 너무 많다면 이 분할납부 제도를 이용하면 부담이 줄어듭니다.

집을 여러 채 가진 다주택자들은 1주택자들보다 세율이 더 올라갑니다. 다주택자의 경우 현재 양도세 기본세율 6~45%에서 조정대상지역의 2주택자는 여기에 20% 포인트, 3주택자 이상자는 30% 포인트를 가산합니다. 이에 따라 다주택자의 양도세 최고세율이 75%로 높아져 세 부담이 부쩍 늘어날 수 있습니다.

또 집을 오래 가지고 있다가 팔면 세금을 깎아주는 제도가 있습니다. 양도차익에서 일정 금액을 공제해주는 바로 '장기보유특별공제제도'입니다.

부동산의 특성상 오랜 기간 보유하는 동안 시세가 올라 차익이 누적되는데, 이를 양도할 때 누진세율로 한꺼번에 과세하면 자칫 세 부담이 급증할 수 있으므로 이를 방지하기 위해서 해당 제도를 적용합니다. 장기간 보유할수록 주택보유자의 세 부담을 덜어주면서 단기간의 투기를 억제하고, 부동산 시장을 안정화하려는 의미도 있습니다.

우리 집을 보유한 지 얼마나 되는지 계산해서 얼마만큼의 공제를 받을 수 있는지 확인해보는 것도 양도세 계산에서 아주 중요한 포인트입니다.

절세의 핵심은 양도소득세다

세법에서 정한 주택 등의 자산을 대가를 받아 양도하고, 이를 통해 소득이 발생했다면 양도소득세를 내야 합니다. 이에 대한 계산 및 신고 납부는 당사자가 직접 해야 합니다. 혹시라도 신고를 누락하거나 계산 과정에서 오류가 있다면 이는 과세당국이 아닌 본인이 책임을 져야 하는데 이를 '자진신고제도'라고 합니다. 반대로 과세당국에서 해당 세액을 결정해 고지하는 것을 '고지납부제도'라고 합니다.

양도소득세 신고는 크게 예정신고와 확정신고가 있습니다. 먼저 예정신고는 말 그대로 예비적 신고에 해당합니다. 주택 A를 2022년 4월에 양도했다면 이에 대해서 '양도일이 속하는 달의 말일로부터 2개월 이내'인 2022년 6월 30일까지 예정신고를 해야 합니다. 그런데 같은 해 10월에 주택 B를 또 양도했다면 주택 B 역시 12

월 31일까지 예정신고를 해야 합니다. 또 그다음 해인 2023년 5월 31일까지 주택 A, 주택 B에 대해 확정신고를 해야 합니다. 이는 주택 A와 주택 B의 과세표준을 합산해 정확한 과세표준을 구한 뒤에 이에 해당하는 세율을 적용해 양도소득세를 더 부과하거나 환급받기 위해서입니다.

세알못

음, 잘 이해가 안 가는데, 왜 확정신고를 해야 하는지 다시 설명해주세요.

택스코디

양도소득세 과세기간은 전년도 1월 1일부터 12월 31일까지입니다. 이 기간에 양도한 주택이 2회 이상이고 모두 누진세율을 적용받는다면, 이에 대해 정확한 세금계산이 필요하기 때문입니다. 즉 일종의 정산 개념인 거죠.

그런데 여기서 매우 중요한 절세팁이 나옵니다. 그건 바로 '양도소득세 합산과세'입니다. 기본세율이 적용되는 양도소득세 대상자산을 동일 연도에 2회 이상 양도했다면 이를 합산해서 계산하는 것이 원칙이기 때문에 이를 잘 활용해야 합니다.

가령 주택 A에 양도차익, 주택 B에서도 양도차익이 났다고 가정합시다. 이때 특별한 이유가 없다면 이 둘은 나눠서, 즉 연도를 달리해 양도하는 게 유리합니다. 값이 더해질수록 양도소득세 과세표준이 커지고 적용되는 세율 역시 증가하기 때문입니다.

반대로 둘 중 하나라도 양도차손이 났다면 같은 연도에 양도해서 합산하는 것이 유리합니다. 그래야 어느 한쪽이 마이너스 값이기 때문에 해당 과세표준을 줄일 수 있고, 그에 따른 세율도 줄어들 수 있겠죠?

한 가지 유의할 점은 양도차손 값은 이월해 적용되지 않으니 이를 활용하려면 해당 연도에 합산해야 합니다.

 세알못

확정신고를 하지 않으면 어떻게 되나요?

 택스코디

그러면 가산세를 부담해야 합니다. 만약 신고 자체를 하지 않았다면 20%, 세금을 줄여서 신고했다면 10%의 가산세가 부과됩니다. 여기에 내지 않은 세금에 따른 납부불성실 가산세가 하루마다 0.022%씩 붙습니다. 따라서 신고대상이라면 꼭 기한 내에 확정신고를 하고 납부를 마치는 것이 곧 절세의 지름길입니다.

양도소득세는 소득이 커지면 세율이 높아지는 누진세율이 적용되기 때문에 사람이든, 기간이든 무조건 분산하는 것이 유리합니다.

가령 공제를 모두 뺀 과세표준이 1억 2천만 원이라고 하면 양도소득세 세율은 35% (누진공제액 1,490만 원)이 적용되어 내야 할 세금은 2,710만 원 (1억 2천만 원 × 35% – 1,490만 원)입니다.

그런데 이 부동산이 부부 공동명의라면 각각 한 사람씩 계산되기 때문에, 각자의 과세표준 금액은 6천만 원이 됩니다. 6천만 원일 때 세율은 24% (누진공제액 522만 원)로 낮아지므로 양도소득세는 918만 원 (6천만 원 × 24% – 522만 원)이 됩니다. 부부 두 사람의 세금을 더하면 1,836만 원으로, 단독명의일 때보다 874만 원이 줄어들게 됩니다.

만약 이 부동산을 10명이 공동투자를 했다면 과세표준이 1,200

만 원으로 줄어들고 세금은 72만 원 (1,200만 원 × 6%)이 됩니다. 10명 모두 세금을 더하면 720만 원입니다. 단독명의일 때보다 무려 1,990만 원이 줄어들게 됩니다.

양도소득세는 세대별 합산이 아니라 개인별로 과세 되므로 명의를 분산하는 것이 유리합니다.

절세 팁 2 **필요경비 꼭 챙겨두자** ─────────────

집을 팔았을 때 발생하는 양도차익이 크면 클수록 양도소득세도 더 많이 내야 합니다. 양도소득세가 누진세 체계로 설계됐기 때문입니다. 다만 집을 팔 때 양도차익과 세금을 합법적으로 줄이는 방법은 있습니다. 거래 과정에서 발생한 각종 세금과 중개수수료는 물론 집을 수리하는 데 들어간 각종 비용을 증빙하면 세무당국에서 이를 필요경비로 인정해줍니다. 그만큼 과세표준이 줄어들어 양도소득세도 감소합니다.

 세알못

필요경비로 인정되는 건 어떤 게 있나요?

택스코디

현행 소득세법에서는 필요경비로 들어가는 부분은 주택 양도차익에서 제하고 소득세를 산정하도록 하고 있습니다. 따라서 필요경비로 인정받는 금액이 많다면 당연히 양도세가 줄어듭니다. 취득세를 비롯한 주택 취득 과정의 비용과 매도 관련 비용, 자본적 지출 비용 등이 대표적 필요경비에 해당합니다.

취득세와 공인중개사 수수료, 농어촌특별세 등 주택 매수 시점에 발생한 각종 비용이 필요경비 대부분을 차지합니다. 가령 수도권에 있는 8억 원짜리 아파트를 구매했다고 가정합시다. 400만 원의 중개수수료를 지급하고 2,050만 원 상당의 취득세 및 지방교육세를 내야 합니다. 전용면적 85㎡를 초과하는 아파트라면 여기에 농어촌특별세 160만 원이 추가됩니다.

이후 주택을 매도하며 발생한 중개수수료와 부동산 컨설팅 비용, 인지세 등도 필요경비로 인정받아 해당 금액만큼 양도차익이 차감됩니다. 최근에는 주택임대차보호법 개정으로 계약갱신요구권이 강화돼 집주인이 세입자의 이사비용을 부담하는 경우가 많

양도소득세 계산법과 절세법을 알아보자

아졌습니다. 이 역시 계약서에 내용을 기재하는 등 증빙 가능한 서류가 있으면 필요경비로 인정받을 수 있습니다.

또 주택과 관련된 세금이라도 재산세 및 종합부동산세와 같은 보유세는 필요경비에 포함되지 않습니다.

그리고 집의 가치를 높이기 위해 지출한 각종 비용은 자본적 지출로 분류돼 필요경비로 인정되는 만큼 세밀하게 챙길 필요가 있습니다. 인테리어 공사 및 발코니 확장 비용과 새시 설치, 보일러 교체 등이 자본적 지출에 해당합니다. 에어컨도 천장에 영구적으로 설치한 시스템 에어컨은 자본적 지출로 봅니다.

하지만 언제든 집 밖으로 옮길 수 있는 스탠드형이나 액자형 에어컨 설치는 필요경비로 인정되지 않습니다. 보일러 등도 교체가 아니라 수리했을 때는 해당 사항이 없습니다.

자본적 지출에 해당하는 각종 비용의 근거를 잘 챙겨 증빙하면 수천만 원의 세금을 아낄 수 있습니다. 수도권에 있는 주택을 지난해 취득가액 8억 원에 매입한 A씨가 올해 이 주택을 12억 원에 판다고 가정하면 양도차익 4억 원에 연 1회 인별 공제 250만 원을 적용해 3억9,750만 원에 대해 양도세가 매겨집니다. A씨는 주택을 2년 미만 보유해 60%의 소득세율을 적용받으므로 양도세와 지방소득세를 합쳐 2억6,235만 원의 세금을 내야 합니다.

이때 A씨가 발코니 확장, 새시 설치, 시스템 에어컨 설치 및 보일러 교체 비용, 부동산 컨설팅 및 중개비 등으로 5,000만 원을 들인 사실이 인정되면 해당 내용이 필요경비로 들어가 양도차익은 3억5,000만 원으로 줄어듭니다. 250만 원 공제를 제하고 과세표준 3억4,750만 원에 대해 총 부과되는 세금은 2억2,935만 원입니다. 필요경비를 어디까지 인정받느냐에 따라 3,000만 원이 넘는 세금을 줄일 수 있다는 얘기입니다.

 세알못

취득세 납부 영수증이 분실된 거 같아요.

 택스코디

부동산을 팔고 양도소득세 계산 시 필요경비로 인정되는 것 중에서 취득할 때 낸 취득세 등의 세금 납부 영수증이 분실되더라도 구청 등에서 납세증명을 받으면 문제 될 건 없습니다.

그런데 재산 가치를 높이는 수리비 등 _(자본적 지출액)을 지출한 경우에는 공사계약서나 세금계산서, 영수증, 송금명세서, 도급계약서, 기타 대금 지급 자료 등 어떤 종류의 증빙이든 실제 지출한 사실을 입증하면 필요경비로 인정받을 수 있었으나, 2016년 2월 17일 이후 지출분부터는 세법에서 정하는 적격증빙 (세금계산서, 신용카드 매출전표, 현금영수증 등, 2018년 4월 이후 지출분부터는 금융 증빙도 가능)을 받아야지만 비용으로 인정받을 수 있습니다.

양도비 등도, 2018년 4월 이후 지출분부터는 그 재산을 양도하기 위해 직접 지출한 비용으로서 세금계산서, 현금영수증, 무통장입금증 등 실제 지출 사실을 확인할 수 있는 증빙이 있어야 비용으로 인정받을 수 있습니다.

절세 팁 3 1주택자 비과세 조항을 적극 활용하자

 세알못

조정대상지역인 광명시에 주택을 구입했습니다. 당시 1주택자였고 2018년 3월에 고향에 계신 부모님을 모시기 위해 모은 돈 2억 원과 담보대출로 받은 2억 원으로 아파트를 4억 원에 마련했습니다. 이 집에는 부모님을 모셨고, 원래 집은 팔고 전세를 살면서 다시 돈을 모았습니다. 주택 구입 후 2년 뒤 2020년 4월에 이 집을 6억 원에 팔았고 더 넓은 집으로 이사해서 부모님과 함께 살기로 했습니다. 이럴 때 양도소득세 비과세를 받을 수 있나요?

💡 **택스코디**

이럴 때 먼저 확인해야 할 것이 있습니다. 해당 주택을 살 당시 그 지역이 조정대상지역 지정 전이었는지, 지정 후였는지를 파악해야 합니다.

계약 당시 1세대 1주택자였고, 양도가격이 12억 원 이하이기 때문에 비과세 대상이 될 수 있습니다. 하지만 취득 당시 조정대상지역이었는데, 해당 주택에서 2년간 본인이 거주하지 않고 부모님이 거주했다면, 본인이 실제 거주를 하지 않은 것입니다. 따라서 양도소득세 비과세를 받을 수 없게 됩니다.

다른 경우를 볼까요. 전세를 살고 있던 세잘알 씨는 마음에 드는 주택을 찾았습니다. 그런데 집값이 상승 중이어서 조정대상지역으로 지정될 수 있다는 소식을 접했습니다. 서둘러 계약금을 치루고, 얼마 되지 않아 해당 지역은 조정대상지역이 되었습니다. 하지만 세잘알 씨는 계약금을 완납한 사실을 증빙할 수 있었기 때문에 추후 2년 거주를 하지 않아도 상관없습니다.

주택을 사기 전에 이러한 사실을 고려해야 합니다. 세알못 씨도 해당 주택이 위치한 지역이 조정대상지역으로 지정되지 않았을 때 빨리 계약금을 완납해 놓았다면 2년 보유만으로도 양도소득세 비과세가 가능했을 것입니다.

6억 원에 매도했으므로 내야 할 양도소득세는 5,660만 원 정도입니다. 조금만 신경 썼더라면 지출하지 않아도 되는 돈입니다. 부동산 절세로 돈을 번다는 것은 이렇게 허투루 지출되는 돈을 없애는 것입니다. 부동산 투자는 목돈이 들어가고 보유와 거주 여부를 따지는 경우가 많고, 절세 전략에 따라 돈을 절약하는 경우와 잃는 경우의 차이가 큽니다. 버는 것보다 잃지 않는 법을 먼저 배워야 더 크게 벌게 되는 것이 부동산 투자입니다.

세법에서는 1주택자는 실수요라고 판단해 1세대 1주택자가 매도하는 주택은 양도소득세를 비과세해주고 있습니다. 다만 매도 가격이 12억 원을 초과하는 주택은 고가주택이라고 판단해 12억 원 이상의 주택을 매도하면 전체 매도금액 중 12억 원까지만 비과세가 가능하고, 12억 원을 초과하는 부분에 대해서는 과세를 합니다.

참고로 1주택을 양도하기 전에 다른 주택을 대체 취득하거나 상속, 동거봉양, 혼인 등 일시적으로 2주택을 보유하게 될 때도 1주택자와 동일하게 12억 원 이하만 비과세가 가능합니다.

 세알못

내달 이사를 앞두고 현재 사는 집이 팔리지 않아 고민입니다. 호가를 기존 실거래가 대비 1억 원 낮췄지만, 거래가 되지 않고 있습니다.

일시적 2주택자여서 양도세 비과세 혜택을 받기 위해 현재 집을 팔고 새로 이사 갈 집의 잔금을 치를 계획이었으나, 좀처럼 거래가 되지 않으면 양도세 비과세를 혜택을 받지 못할 것 같습니다.

 택스코디

집을 옮기기 위해 일시적 2주택자는 일정 요건을 충족하면 1주택자와 마찬가지로 양도소득세 비과세 혜택을 받을 수 있습니다.

일시적 2주택자가 양도세 비과세 혜택을 받으려면 일정 기한 내에 기존 주택을 처분하거나 새로운 주택에 전입해야 하는 등 정해진 요건을 갖춰야 합니다.

우선, 종전 주택 취득 후 최소 1년이 지난 뒤 신규주택을 취득해야 합니다. 또 종전 주택을 2년 이상 보유하고, 종전 주택이 조정대상지역 안에 있으면 2년 이상 거주해야 합니다.

이와 함께 신규주택 취득일로부터 3년 이내에 종전 주택을 처분해야 합니다. 여기서 취득과 처분 기준 시점은 통상 잔금지급일입니다.

특히 종전 주택과 신규주택이 모두 조정대상지역 내에 있다면 조건이 더욱 까다로워져 주의해야 합니다. 신규주택 취득일에 따라 종전 주택 처분기한이 3년 이내 처분, 2년 이내 처분으로 다르게 적용됩니다.

신규주택 취득일이 2018년 9월 13일 이전이라면 3년 이내에 종전 주택을 처분하면 됩니다. 2018년 9월 14일부터 2019년 12월 16일 사이에 신규주택을 취득했다면 종전 주택은 신규주택 취득일로부터 2년 이내에 처분해야 합니다. 2019년 12월 17일 이후에 신규주택을 취득했다면 종전 주택은 신규주택 취득일부터 1년 이내에 처분해야 하고, 1년 이내에 신규주택에 전입해야 했습니다.

그러나, 2022년 5월10일부터 일시적 2주택 요건이 완화됐습니다. 종전 주택과 신규주택 모두 조정대상지역이라도 종전 주택을 2년 이내에 팔면 비과세 혜택을 받게 되며, 세대원 전원이 신규주택에 전입해야 한다는 요건도 삭제됐습니다.

가령 2021년 1월 1일에 신규주택을 취득했다면 2년 이내인 2022년 12월 31일까지 종전 주택을 팔면 비과세가 가능합니다.

일시적 2주택자가 위에서 양도세 비과세 요건들을 모두 충족했다면 1주택과 같은 조건으로 세금이 부과됩니다. 매매가가 12억 원 이하라면 양도세를 내지 않아도 됩니다. 만약 매매가가 12억 원을 초과했다면 초과분에 대해서 기본세율이 적용됩니다.

만약 일시적 2주택자 비과세 요건을 지키지 못했다면 중과세율이 적용돼 세금 부담이 늘어납니다.

예를 들어 3억 원에 취득한 아파트를 6억 원에 매도해 차익이 3억 원이 발생했을 경우, 일시적 2주택자 요건을 갖춘 비과세와 2주택자 중과가 적용된 양도세 차이가 상당합니다. 비과세 요건을 갖춘다면 매매가가 12억 원 이하이기 때문에 세금을 내지 않아도 되지만, 중과세율이 적용된다면 과세표준 3억 원을 기준으로 세율 60%가 적용되므로 양도소득세로 1억7,000만 원을 내야 합니다.

신규주택 대신 분양권이나 입주권을 취득해도 일시적 2주택 비과세 혜택을 받을 수 있습니다. 기준은 일시적 2주택 요건과 같습니다.

다만, 일반적인 일시적 2주택자는 종전 주택을 처분할 때 조정대상지역 여부에 따라 3년이나 2년으로 단축되지만, 분양권은 취득 후 3년 이내 종전 주택을 처분하면 양도세 비과세 혜택을 받을 수 있습니다.

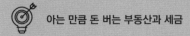 아는 만큼 돈 버는 부동산과 세금

다주택자
양도소득세
중과,
이것만
알면 된다

다주택자 핵심 절세 전략은 무엇인가?

2017년에 발표한 정부의 8·2 부동산 대책으로 2018년 4월 1일부터 2주택자 이상 다주택자에게는 양도소득세가 중과됩니다. 2주택자 이상에게는 기존의 양도소득세보다 세금을 더 많이 부과함으로써 일종의 징벌적 성격을 강화한 것입니다. 전형적인 수요 억제 정책이죠.

양도소득세 중과는 일단 다음 2가지 요건을 최소한 갖추었을 때 적용됩니다. 하나는 2주택자 이상일 것, 다른 하나는 양도하는 주택이 조정대상지역 내에 위치할 것입니다.

여기서 중요한 건 조정대상지역입니다. 조정대상지역이 아닌 지역의 주택을 양도할 때는 일단 양도소득세 중과가 적용되지 않으니 이에 대해서는 크게 신경 쓰지 않아도 됩니다. 반대로 조정대상지역 주택을 양도할 때는 반드시 사전에 양도소득세를 꼭 확인해야 합니다. 왜냐하면 세금 부담이 너무 커지기 때문입니다.

먼저 양도소득세 중과가 적용되면 아무리 오래 보유한 주택이더라도 장기보유 특별공제가 적용되지 않습니다. 따라서 양도소득세 과세표준이 증가합니다. 여기에 다시 중과세율이 적용됩니다. 2주택자는 기본세율에 20%, 3주택 이상자는 기본세율에 30%가 가산됩니다.

실제 계산을 해보면 양도차익이 1억 원일 때 일반적인 양도소득세가 약 1,500만 원 정도라고 하면, 2주택자 양도소득세 중과인 경우는 대략 4천만 원, 3주택자라면 5천만 원 이상 되기에 상당히 조심해야 합니다.

양도소득세 기본 중 하나는 주택 수 계산입니다. 많은 사람이 명의 기준으로 주택 수를 계산하는 실수를 범하고 있습니다. 양도소득세 적용이 되는 주택 수는 개인이 아닌 세대 기준이라는 점을 유의해야 합니다.

따라서 배우자 명의 주택은 가장 먼저 확인해야 합니다. 참고로 배우자는 서류상 이혼을 하지 않는 한 세대 분리가 되지 않습니다. 다음으로 자녀 명의 주택이 있는지도 살펴야 합니다. 만약 자녀 명의 주택이 없고 자녀가 세대 구성을 할 수 있는 요건을 갖추었다면, 자녀에게 주택을 증여하고 자녀를 세대 분리하면 세대 기준으로 주택 수를 줄일 수 있기에 양도소득세 절세에 매우 유리해집니다.

세알못

세대 구성을 할 수 있는 요건은 무엇인가요?

택스코디

세대를 구성하려면 우선 기혼자여야 합니다. 그렇지 않다면 만 30세 이상이거나 최저생계비 이상의 소득이 있어야 합니다. 따라서 별도 소득이 없고 결혼을 하지 않은 학생 신분의 자녀에게 주택을 증여하더라도 그 상태에서는 자녀가 세대 구성을 할 수 없습니다.

또 증여방법도 고민해야 합니다. 증여하고자 하는 자산에 부채가 있다면 부담부증여가 될 수 있으니 사전에 확인해야 합니다. 자녀에게 아파트를 증여하는데 해당 아파트에 전세보증금 같은 채무가 있다고 하면 해당 전세보증금에 대해서는 양도소득세가 적용됩니다. 그리고 나머지 순자산에 대해서는 증여로 처리되므로, 일반적인 증여 또는 부담부증여 간의 세금 비교를 꼭 사전에 해봐야 합니다.

3단계 체크로 중과 여부만 쉽게 구분하기

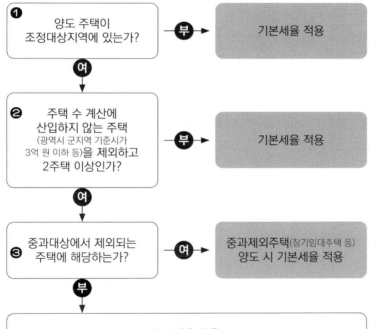

① 양도 주택이 조정대상지역에 있는가? → **부** → 기본세율 적용

여

② 주택 수 계산에 산입하지 않는 주택 (광역시 군지역 기준시가 3억 원 이하 등)**을 제외하고 2주택 이상인가?** → **부** → 기본세율 적용

여

③ 중과대상에서 제외되는 주택에 해당하는가? → **여** → 중과제외주택(장기임대주택 등) 양도 시 기본세율 적용

부

중과세율 적용
(2주택: 기본세율+20%, 3주택 이상: 기본세율+30%,
주택 수에 2021년 1월 1일 이후 취득한 조합원 입주권, 분양권 포함)

다주택자 양도소득세 중과, 이것만 알면 된다

주택시장 안정세를 보이는 지방 11개 시·군·구가 규제에서 벗어났습니다. 대구 동구, 서구, 남구, 북구, 중구, 달서구, 달성군과 경북 경산시, 전남 여수시, 순천시, 광양시가 해당합니다.

세종시와 수도권은 조정대상지역이 계속 유지됩니다.

국토부는 하반기 지역별 주택시장 상황을 면밀히 모니터링하면서 필요한 경우 연말 이전이더라도 이번 해제에서 제외된 지방 중소도시 등 규제 지역을 추가로 조정할 방침이라고 합니다.

□ **조정대상지역 현황**　　　　　　　　　　　　　※ 2022년 7월 5일 기준

지역	조정대상지역
서울	전 지역
경기	과천, 성남, 하남, 동탄2, 광명, 구리, 안양동안, 광교지구, 수원팔달, 용인수지·기흥, 수원영통·권선·장안, 안양만안, 의왕, 고양, 남양주, 화성, 군포, 부천, 안산, 시흥, 용인처인, 오산, 안성, 평택, 광주, 양주, 의정부, 김포, 파주, 동두천시
인천	중, 동, 미추홀, 연수, 남동, 부평, 계양, 서
부산	해운대, 수영, 동래, 남, 연제, 서구, 동구, 영도구, 부산진구, 금정구, 북구, 강서구, 사상구, 사하구
대구	수성구
광주	동구, 서구, 남구, 북구, 광산구
대전	동, 중, 서, 유성, 대덕
울산	중구, 남구
세종	세종

충북	청주
충남	천안동남·서북, 논산, 공주
전북	전주완산·덕진
전남	–
경북	포항남
경남	창원성산

조정대상지역이 비규제지역이 되면 세금, 대출, 청약 등의 규제가 큰 폭으로 완화됩니다.

먼저 취득세와 양도세, 보유세 부담이 현저히 줄어 추가 주택 매수가 한층 수월해집니다. 조정대상지역에서는 전용 84㎡ 이하 면적에 대해 2주택 취득 시, 8%의 세율이 적용되는데 규제 지역에서 해제되면 2주택 취득 시에도 1주택처럼 1~3%가 적용됩니다.

양도세 비과세를 적용받을 수 있는 일시적 2주택자의 종전주택 처분 기간도 2년에서 3년으로 늘어납니다. 1주택자의 양도세 비과세 요건도 '2년 보유·2년 거주'에서 '2년 보유'로 완화되므로 입주를 하지 않아도 비과세 혜택을 볼 수 있습니다.

조정대상지역의 2주택자와 3주택자는 양도소득세 일반세율에 각각 20%, 30%씩 중과되는데 비규제지역이 되면 중과 없이 일반세율만 적용됩니다. 비규제지역의 경우, 다주택자의 장기보유특별공제도 적용돼 보유 기간에 따라 양도차액을 공제받을 수도 있습니다.

또 1주택자가 주택담보대출을 받을 때 기존 주택을 2년 내 처분해야 한다는 조건도 비규제지역이 되면 사라집니다. 처분 조건 없이도 대출을 받을 수 있습니다.

본래 시장 상승기에는 작은 규제 완화에도 민감하지만, 조정기에는 악재에 민감하고 호재에는 둔감합니다. 조정대상지역 해제로 일부 거래 숨통은 트이겠지만 거시환경이 받쳐주지 못하는 상황이어서 시장을 완전히 반전시키기는 어려울 것입니다.

1단계 팔려는 주택이 조정대상지역 내에 위치하는가?

부동산이든 주식이든 투자를 하는 대부분 사람은 세금을 가장 마지막에 고려합니다. 예를 들어 주택(아파트)만 하더라도 일단 주택을 사고(취득세), 보유하면서(보유세), 적당한 때가 오면 팔게 되죠(양도소득세). 대부분 적절한 절세 플랜을 세우지 않습니다. 가능하면 사전에 세금이 어느 정도 나오고 어떻게 하면 세금을 줄일 수 있는지를 먼저 확인하는 습관을 만드는 게 좋습니다.

2013년 정부에서는 특정 주택을 취득하면 취득일로부터 5년 동안 발생하는 양도소득세에 대해 100% 감면해주는 정책을 펼쳤습니다. 그런데 요즘 같은 시기에는 양도소득세를 오히려 중과합니다. 언제 그랬을까 싶을 정도로 정부 정책이 극과 극입니다. 이런 점을 투자와 연계해 큰 수익을 보는 사람들이 있다고 합니다. 이들의 공통점은 처음부터 세금을 따져보고 매수 또는 매도를 결정합니다.

변하는 정부 정책을 통해 부동산을 사고파는 시점을 파악할 수도 있다는 사실을 알았으면 합니다.

2018년 4월부터 부동산 세금 관련해서 반드시 확인해야 할 사항이 있습니다. 바로 '양도소득세 중과'입니다. 중과는 말 그대로 세금을 무겁게 매긴다는 의미로, 기존 양도소득세보다 세 부담이 더 늘었다는 것을 말합니다.

세알못

그렇다면 얼마나 부담이 더해지나요?

택스코디

2주택자가 조정대상지역에 있는 주택을 팔면 2가지 요인에서 중과가 됩니다. 먼저 장기보유 특별공제를 받을 수 없으며, 또 기본세율에 20%p가 가산됩니다. 만약 3주택자이상이라면 마찬가지로 장기보유 특별공제 배제에 기본세율에 30%p가 추가됩니다.

세알못

그럼 2주택자라면 기본세율에 20% 가산이니 내가 내야하는 세금에 20% 정도 추가되는 건가요?

택스코디

그렇게 생각하면 큰일 납니다. 양도차익 1억 원, 장기보유 특별공제 10%라고 가정하면, 일반적으로 양도소득세가 1,578만 원 정도 나오지만, 2주택이면서 중과에 해당되면 무려 3,872만 원 이상이 나옵니다. 3주택 이상이라면 4,847만 원 이상 매우 큰 폭으로 금액이 상승합니다.

114

이렇게 본다면 어떻게 해서든 양도소득세 중과를 피하는 것이 상책입니다. 생각지도 못한 세금으로 인해 수익률이 줄어드는 것은 물론이고, 상황에 따라서는 분명 더 비싼 값에 집을 팔았는데 세금으로 내야 할 현금이 없어서 대출을 받는 경우도 생길 수 있습니다. 다시 강조하자면 투자 전에 꼭 세금에 대한 사전 계획이 필요합니다. 이에 따라 투자법도 달라져야 합니다.

2단계 내가 보유한 중과주택 수는 몇 채인가?

다주택자가 조정대상지역 내에 있는 주택을 2021년 6월 1일 이후 양도하는 경우에는 양도소득세율을 적용할 때 2주택자는 기본세율에 20%, 3주택 이상자는 30%를 더하고, 장기보유특별공제는 적용하지 않습니다.

다주택자라 하더라도 조정대상지역 내에 있는 주택을 양도하는 경우에만 중과세율을 적용하며, 조정대상지역 외에 있는 주택을 양도하는 경우에는 중과세율을 적용하지 않습니다.

또 일정한 요건에 해당하는 장기임대주택 등은 주택 수에는 포함되지만, 중과세율은 적용하지 않습니다.

■ 다주택자 중과대상 주택의 범위

- □ 조정대상지역에 있는 주택으로서 1세대 2주택에 해당하는 주택

- □ 조정대상지역에 있는 주택으로서 1세대가 주택과 조합원 입주권 또는 는 분양권을 각각 1개씩 보유한 경우의 해당 주택

- □ 조정대상지역에 있는 주택으로서 1세대가 3주택 이상에 해당하는 주택

- □ 조정대상지역에 있는 주택으로서 1세대가 주택과 조합원 입주권 또는 분양권을 보유한 경우로서 그 수의 합이 3 이상인 경우의 해당 주택

다주택자의 중과세율을 적용할 때 주택 수 계산은 다음의 방법에 따릅니다.

□ 다가구주택의 경우에는 한 가구가 독립하여 거주할 수 있도록 구획된 부분을 각각 하나의 주택으로 봅니다. 다만 해당 다가구주택을 구획된 부분별로 양도하지 아니하고 하나의 매매단위로 양도하는 경우에는 그 전체를 하나의 주택으로 봅니다.

□ 공동상속주택은 상속지분이 가장 큰 상속인의 소유로 하여 주택 수를 계산합니다. 상속지분이 가장 큰 상속인이 2인 이상이면 상속주택에 거주하는 자, 최연장자 순서에 의한 자가 당해 공동상속주택을 소유한 것으로 봅니다.

□ 부동산매매업자가 보유하는 재고자산인 주택은 주택 수 계산에 포함합니다.

세알못

입주권이 하나 있고, 분양권이 하나 있고, 임대주택으로
등록해둔 집이 하나 있고, 또 거주하는 집이 한 채 있습니다.
4채가 있는 건데, 양도세 계산 시 제가 몇 주택자인가요?

 택스코디

답은 3주택자입니다.

먼저 조합원 입주권은 양도세 중과세를 판단할 때는 주택 수에
포함됩니다.

분양권은 취득 시점에 따라서 달라집니다. 분양권을 2020년
12월 31일 전에 취득했다면 주택 수에 들어가지 않습니다. 하지
만 2021년 1월 1일 이후 분양권을 취득했다면 분양권이 주택 수
에 들어갑니다.

장기임대주택 같은 경우는 중과배제주택으로 알고 있지만 다른
집을 팔 때는 장기임대주택은 주택 수에서는 빼주지 않습니다.

간단히 정리하면 중과세에서 주택 수에서 빼주는 집은 지방 저
가주택밖에 없습니다. 임대주택이 중과세 판단 시에 주택 수에서

뺀다고 생각하는 사람들이 많은데 절대 그렇지 않기 때문에, 이 부분은 주의해야 합니다.

그리고 거주하는 집도 당연히 중과세할 땐 주택 수에서 빼주지 않습니다. 따라서 분양권은 취득 시점에 따라서 들어가기도 하고, 들어가지 않기도 하고, 나머지 입주권과 임대주택, 거주 주택은 모두 주택 수에 들어가는 것입니다.

 세알못

제가 입주권과 주택을 조정대상지역 안에 갖고 있습니다. 중과세를 적용할 때 몇 주택자일까요?

택스코디

입주권도 주택 수에 들어가고 다른 주택도 들어가기 때문에 2주택자입니다.

이런 경우 어떤 걸 먼저 파는 게 유리한지에 대해서 살펴볼까요. 입주권과 주택이 있을 때 입주권을 먼저 팔게 되면 중과세가 적용되지 않습니다. 부동산을 취득할 수 있는 권리인 입주권은 그 자체를 팔 땐 양도소득세 다주택 중과세 규정이 적용되지 않습니다. 그래서 입주권은 다주택자가 팔더라도 중과세가 적용되지 않고 일반세율로 과세가 됩니다. 입주권을 먼저 팔고 나면 1주택자가 됩니다. 때문에 일반과세를 적용받거나 아니면 1가구 1주택 비과세 규정을 갖추었다면 비과세가 될 수도 있습니다. 그래서 입주권을 먼저 파는 게 유리합니다.

그러나 입주권과 주택이 있는데 주택을 먼저 팔게 되면 입주권도 주택 수에 포함 되기 때문에 2주택자로 취급돼서 20% 중과세가 적용됩니다.

3단계 중과를 적용받지 않는 예외적 경우인가?

2018년 4월 1일부터 다주택자가 조정대상지역에 있는 주택을 처분하면 양도소득세가 중과되기 시작했습니다. 다주택자 중과로 세금 부담이 크게 늘게 된 것입니다.

먼저 양도소득세가 중과될 경우 아무리 오래 보유했어도 장기보유특별공제가 적용되지 않습니다. 장기보유특별공제는 보유 기간이 3년 이상일 때 연 2%씩 최대 30%까지 양도차익을 차감해주는 것입니다. 이 공제를 적용받지 못한다는 것은 양도차익이 1억 원이면 최대 3,000만 원까지는 양도소득세 대상이 아니었는데, 이 혜택이 없어졌다는 뜻입니다.

또 2주택자는 기본세율(6~45%)보다 20%포인트 높은 26~65%의 세율이 적용됩니다. 3주택자는 30%포인트 높은 36~75%의 세율입니다.

예를 들어 양도차익이 5억 원이고 10년을 보유했다면 양도세가 중과될 경우 세금은 약 3억 5,500만 원입니다. 중과되지 않을 경우의 세금을 계산해보면 약 1억2,500만 원입니다. 양도소득세 중과 여부에 따라 납부 세금이 2배 넘게 달라지는 것입니다.

그런데 다주택자라고 해서 모든 경우에 양도소득세 중과 적용을 받는 것은 아닙니다. 중과 여부를 판단할 때는 우선 주택 수를 파악해야 한다고 말했습니다. 서울, 군 지역을 제외한 광역시, 읍면 지역을 제외한 경기와 세종 등은 가격과 상관없이 모든 주택이 주택 수에 포함됩니다. 그 밖의 기타지역은 공시가격 3억 원을 넘는 주택만 주택 수에 포함됩니다.

하지만 모든 다주택자가 중과되지 않는다는 점을 눈여겨봐야 합니다. 울산 울주군, 대구 달성군, 인천 강화군, 부산 기장군과 경기·세종의 읍면 지역은 기타지역으로 분류됩니다. 따라서 이 지역에 있는 집을 가지고 있어도 공시가격 3억 원 이하라면 중과대상에서 제외되고 수에서도 빠집니다.

예를 들어 경기 남양주시 '퇴계원힐스테이트'의 경우 퇴계원읍에 있습니다. 남양주시는 조정대상지역입니다. 원칙적으로 양도세 중과대상이지만 퇴계원읍은 예외 대상인 것입니다. 이 아파트의 전용면적 84m² 저층 대다수는 공시가격이 여전히 3억 원 이하입니다. 인근 덕소읍의 '강변현대홈타운'도 마찬가지입니다. 경기 읍면 지역으로 기타지역이며 이 아파트의 전용 133m²를 비롯한 다수의 주택이 공시가격 3억 원 이하입니다.

금액과 상관없이 특이하게 양도세 중과대상이 아닌 지역도 있습니다. 대구 달성군 일부와 울산 동구, 북구, 울주군입니다. 예를 들어 서울과 경기 광명시에 각 1채, 울산 동구에 1채의 집을 가진 사람이 울산 동구의 공시가격 8억 원인 주택을 양도하더라도 양도세는 중과되지 않습니다. 울산 동구는 조정대상지역이 아니기 때문입니다.

이처럼 지역과 금액 기준에 따라 다주택자라 하더라도 양도세 중과대상이 아닐 수 있습니다. 또 장기 사원용 주택과 상속주택, 장기 가정어린이집용 주택과 혼인(5년)·동거봉양(10년) 등으로 인한 일시적 2주택 등 다양한 사유로 중과대상에서 제외될 때도 있습니다.

다주택 중과세제도는 정부가 주택가격 안정을 위해 실시한 강력한 규제 중 하나입니다. 2021년 6월부터는 세율이 추가로 더 높아졌기 때문에 부담도 더 커졌습니다. 하지만 막연히 걱정만 할 일은 아닙니다. 보유한 주택이 규제 지역에 있는지, 공시가격은 얼마인지 등을 확인해서 처분할 때와 처분할 순서를 고민하는 노력이 필요합니다.

세알못

조정대상지역에 주택이 두 채가 있고, 또 임대주택도 두 채가 있습니다. 총 4주택자죠. 주택 한 채를 팔았습니다. 그러면 양도세 중과세는 어떻게 적용되나요?

택스코디

많은 사람이 임대주택은 주택 수에서 빼고 주택이 두 채이기 때문에 2주택자의 중과세율이 적용되어 20%가 중과될 것이라고 알고 있는데 그렇지 않습니다.

한 번 더 말하지만, 중과세 계산 시 주택 수에서 빼주는 주택은 지방 저가주택밖에 없다고 했습니다. 지방 저가주택이 아닌 임대주택들은 모두 주택 수에는 포함됩니다. 이 임대주택 자체를 팔 때만 중과세가 적용되지 않는 것입니다. 하지만 다른 집을 팔 땐 주택 수에 다 포함되므로 세알못 씨 같은 경우는 3주택 이상자의 중과세율을 적용받게 됩니다.

 세알못

주택 한 채를 중과세를 적용하여 팔았습니다. 그러면 주택 한 채가 남고 임대주택 두 채 있는 상황이 됐습니다. 이 상태에서 남은 주택 한 채를 마저 팔면 어떻게 되나요?

 택스코디

이런 경우에는 3주택이지만 일반과세가 적용됩니다. 왜냐면 양도세 중과세 적용 시 일반주택이란 중과배제주택들 외에 나머지 한 채만 있다면, 이 주택은 일반주택이라고 해서 중과세를 적용하지 않기 때문입니다. 이럴 때도 마찬가지로 주택 한 채와 임대주택 두 채가 있으면 이 주택은 일반주택이 되는 것입니다. 숫자는 세 채지만 이 주택 자체가 일반주택 규정을 적용받기 때문에 중과세가 적용되지 않습니다.

조합원 입주권과 분양권도
중과주택에 포함되나?

　양도 당시 비조정대상지역의 주택 또는 조합원 입주권인 경우, 보유기간 1년 미만일 때 40% 세율을 보유기간 1년 이상일 때 기본세율을 적용했으나, 2021년 6월 1일부터는 보유기간 1년 미만이면 70% 세율을, 2년 미만이면 60% 세율이 적용됩니다. 취득 당시 비조정대상지역이고 보유기간 2년을 만족한다면 비과세도 가능합니다.

　양도 당시 조정대상지역의 주택 또는 조합원 입주권인 경우, 보유기간 1년 미만일 때 40% 세율과 중과세율을 적용하여 계산한 금액 중 큰 금액으로 과세, 보유기간 1년 이상인 경우 기본세율에 주택 수에 따른 중과세율을 적용해 계산했습니다. 보유기간이 2년 이상이고, 취득 시점에 따른 비과세 요건(거주)을 만족하면 1주택자에 한해 비과세가 가능합니다. 그러나 2021년 6월 1일 기준으로 세율이 개정되어 보유기간 1년 미만이면 70%의 세율과 중과세율을 적용해 계산한 금액 중 큰 금액으로 과세하고, 보유기간

1년 이상 2년 미만의 경우 60%의 세율과 중과세율을 적용해 계산한 금액 중 큰 금액으로 과세 됩니다. 마찬가지로 보유기간 2년 이상이면서 취득 시점에 따른 비과세 요건(거주)을 충족하면 비과세도 가능합니다. 이 내용을 요약하면 다음과 같습니다.

[주택, 조합원 입주권의 양도소득 세율]

구분	2021년 5월 31일 이전		2021년 6월 1일 이후	
보유기간/지역구분	조정대상지역	비조정대상지역	조정대상지역	비조정대상지역
1년 미만	40% (중과세율 비교)	40%	70% (중과세율 비교)	70%
1년 이상 2년 미만	중과세율	기본세율	60% (중과세율 비교)	60%
2년 이상	비과세 고려	비과세 고려	비과세 고려	비과세 고려

주택에 대한 중과세율은 2021년 6월 1일을 기준으로 조정대상지역 2주택자는 종전 +10%에서 +20%의 중과세율이 적용되고, 조정대상지역의 3주택 이상은 종전 +20%의 세율에서 +30%의 세율이 적용됩니다.

조합원 입주권을 양도하는 경우에는 중과세율이 적용되지 않으므로, 위 표에서 중과세율 비교된 항목에 해당하는 조합원 입주권의 매도라면, 단일세율(70%, 60%, 6월 1일 이후)의 세율이 적용됩니다.

양도차익이 작은 주택부터 양도하자

　양도차익이 가장 적은 주택부터 파는 것이 세금 측면에서는 유리합니다. 3주택자가 주택을 한 채 양도하면 2주택이 됩니다. 이때는 2주택자의 양도 전략을 따르면 됩니다. 비과세 특례를 받을 수 있는가를 먼저 확인 후 그렇지 않을 때는 양도 우선순위를 정하면 됩니다.

　3채 이상의 다주택자들은 팔기 전에 양도 스케줄을 짜는 것이 중요합니다. 미리 세금을 디자인해 보는 것입니다. 즉 양도 전에 정부 정책, 종합부동산세, 중과세, 재테크 방향, 세금 예측, 증여와 양도 시점 선택 등을 종합적으로 검토해야 합니다. 소형주택에 대해서는 주택매매사업자 등록을 하는 것도 방법이 될 수 있습니다.

 세알못

　양도차익 10억 원 정도 되는 강남의 1주택, 그리고 과천에 양도차익 3억 원 정도 되는 1주택, 그리고 천안에 기준시가 3억 원 이하짜리 주택 한 채, 이렇게 3주택이 있는 경우에 어떤 순서로 파는 게 양도세를 줄일 수 있을까요?

 택스코디

양도차익이 크고 비싼 집은 가장 마지막에 파는 게 유리합니다. 그래야 양도세 중과세도 피할 수 있고, 또 가능하다면 비과세를 적용받을 수도 있기 때문입니다.

그런 이유로 천안에 있는 집을 먼저 팔아야 합니다. 천안에 있는 집을 팔면 중과세가 적용되지 않습니다. 왜냐면 지방에 있는 저가주택이기 때문입니다. 천안은 도지역이고 또 기준시가가 3억 원 이하인 주택이기 때문에 천안의 집은 조정대상지역으로 지정돼도 지방 저가주택으로 중과세가 적용되지 않습니다.

천안 집을 팔고 나서 강남과 과천의 집이 남았습니다. 이때는 당연히 양도차익이 적은 과천을 먼저 팔아야 합니다. 과천의 집을 먼저 팔 때는 조정대상지역의 2주택자가 집을 파는 것이기 때문에 20%가 중과세가 적용됩니다.

마지막으로 남은 강남의 주택, 이 주택을 팔 때는 중과세가 적용되지 않습니다. 1주택이기 때문에. 만약에 우리가 2년 이상 거주나 보유 요건을 채웠다면 비과세 적용을 받을수 있는 방법도 생길 수도 있습니다.

정리하면 양도차익이 작고, 지방에, 비조정대상지역에 있는 주택을 먼저 팔아서 주택 수를 줄이는 게 중요합니다. 그런 후 양도차익이 가장 큰 집은 마지막에 비과세, 일반세율로 내는 게 가장 좋은 절세법입니다.

세알못

그런데 순서를 잘 몰라서 반대로 팔았다고 하면 세금이 어떻게 되나요? 강남과 과천과 천안에 집이 있는데, 강남에 있는 집을 먼저 팔았다면, 3주택이기 때문에 중과세가 30%가 적용되나요?

택스코디

아닙니다. 여기서 천안의 주택은 지방에 있는 저가주택입니다. 도지역에 있는 기준시가 3억 원 이하의 주택이기 때문에 양도세 중과세 판단할 때 이 천안에 있는 주택은 일단 주택 수에서 제외됩니다. 따라서 강남과 과천, 2주택자이므로 강남이 2주택자의 중과세율이 20%가 중과세됩니다.

강남 집이 팔리고 나서 과천과 천안이 남았습니다. 이때 과천을 먼저 판다면 어떻게 될까요. 과천을 먼저 팔더라도 양도세는 중과되지 않습니다. 일반세율로 적용됩니다. 이유는 마찬가지로 천안에 있는 집이 지방 저가주택이기 때문에 주택 수에서 빼주게 됩니다. 그러면 과천 1주택으로 봐서 양도세가 중과세되지 않고 일반세율로 적용되는 것입니다.

양도소득세 한시적 중과배제를 이용하자

2022년 5월 10일부터 다주택자에 대한 양도소득세 중과 조치가 1년간 한시적으로 중단됩니다. 또 이사 등의 이유로 일시적 2주택자가 된 경우에는 2년 안에 기존 주택(조정대상지역 내)을 처분하면 양도세를 면제받을 수 있습니다.

우선 다주택자에 대한 세 부담이 지나치다는 지적을 받아온 다주택자 양도세 중과 조치는 1년간 한시적으로 중단됩니다. 이에 따라 주택을 2년 이상 보유한 다주택자는 중과세율을 적용받지 않고 최고 45%의 기본세율(지방세 포함 시 49.5%)로 주택을 처분할 수 있게 됩니다. 주택을 3년 이상 보유했다면 장기보유특별공제를 통해 양도차익의 최대 30%까지 공제를 받을 수도 있습니다.

현행 소득세법은 조정대상지역 내 2주택자에 대해서는 양도세 기본세율(6~45%)에 20%포인트를, 3주택자에는 30%포인트를 중과합니다. 기존에는 주택 보유기간이 10년인 2주택자가 5억 원의 양도차익을 얻었을 경우 2억7,310만 원의 양도세를 내야 했는데, 중과 조치가 중단되면 세 부담이 1억3,360만 원으로 줄어듭니다. 기존 대비 1억3,950만 원의 세금을 깎아주는 효과가 나는 것입니다.

일시적 2주택자가 조정대상지역 내에서 이사할 때 양도세 비과세를 받을 수 있는 요건도 완화됩니다. 기존에는 1년 안에 주택 1채를 처분해야 했는데, 이 처분기한이 2년으로 늘어납니다. 주택 거래가 급감하는 상황에서 기존 처분기한이 너무 짧고, 세대원 전원이 이사하기 어려운 다양한 상황을 고려하지 않은 일률적인 규제라는 비판을 수용한 것입니다.

다주택자에 적용되는 주택 보유·거주기간 재기산 제도는 폐지됩니다. 현재는 다주택자의 경우 1주택자가 된 날로부터 보유·거주기간을 기산해 비과세를 적용하는데, 이를 실제 취득 시점부터 보유기간으로 기산해 1세대 1주택 비과세를 적용하는 방향으로 변경합니다. 다주택자일 때 주택을 취득했더라도 나머지 주택을 정리하고 1주택자가 됐다면, 취득 시점부터 1주택자로 기산해 보유·거주 2년이 지나면 비과세를 적용한다는 뜻입니다.

다주택자 양도소득세 중과, 이것만 알면 된다

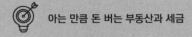
아는 만큼 돈 버는 부동산과 세금

복잡한 주택임대소득세, 한 번에 정리하자
전세를 월세로 환산하는 간주임대료 계산 방식은?
주택임대소득을 종합과세 방식으로 신고하는 방법은?
소형주택 임대사업자 세액감면을 받을 수 있다
상생임대인 제도를 이용해 갭투자 가능할까?

임대소득이
발생하면
종합소득세를
반드시
따져야 한다

복잡한 주택임대소득세, 한 번에 정리하자

전년도 발생한 주택 임대소득 수입금액이 2천만 원 이하이면 다른 종합소득과 합산하지 않고 분리하여 14% 세율만 적용해 과세합니다. 이때 수입금액은 임대차계약에서 발생한 월세 등의 임대료 및 청소 등 세입자로부터 받은 금액을 기준으로 고려합니다.

다만, 세대 내에서 보유하고 있는 주택이 1주택인 경우에는 해당 주택의 기준시가가 9억 원(2023년부터는 12억 원으로 바뀔 예정)을 초과하는 경우 발생한 월세 소득에 대해서만 과세합니다.

보유한 주택 수가 2주택이면 전세보증금에 대해서는 과세하지 않고, 월세 수입에 대해서만 과세합니다. 보유주택 수가 3주택 이상이면 전세보증금에 대해 간주임대료를 계산 후 합산해 수입금액으로 고려합니다.

참고로 주택 수를 계산할 때 소형주택을 제외하고 계산하는데, 이때 소형주택은 전용면적 40㎡ 이하이며, 공시가격 2억 원 이하를 만족하는 주택을 말합니다.

 세알못

현재 3주택을 소유하고 있습니다. 3번째 주택이 전용면적 40㎡㎡ 이하이며, 공시가격 2억 원 이하여서 2주택으로 고려되어 전세보증금에 대한 간주임대료에 따른 주택임대소득세는 내지 않아도 된다고 알고 있습니다.

문제는 첫 번째 주택은 주택임대사업자 등록을 했고 임대수입이 월 80만 원 발생하고, 두 번째 주택은 주택임대사업자 등록을 하지 않고 월 60만 원의 소득이 발생하고 있습니다. 이럴 때는 어떻게 계산하나요?

 택스코디

주택임대 총수입금액이 2천만 원 이하로 분리과세를 선택하는 경우 수입금액 기준 50%의 필요경비율을 적용하여 소득금액을 계산합니다. (등록임대주택의 경우 필요경비율을 60%로 하여 적용합니다.)

임대소득이 발생하면 종합소득세를 반드시 따져야 한다

■ 등록임대주택의 요건

1   지자체와 세무서 양쪽 모두에 임대사업자 등록을 할 것

2   임대보증금 또는 임대료의 증가율이 5/100를 초과하지 않을 것
    (임대계약 체결 또는 임대료 증액 후 1년 이내 재증액 불가)

분리과세를 선택하는 경우 총수입금액에서 필요경비와 공제금액을 뺀 금액을 과세표준으로 하여 세율을 적용합니다. 공제금액은 주택임대소득을 제외한 해당 과세기간의 종합소득금액이 2천만 원 이하인 경우에만 해당하는 것으로 2백만 원의 소득공제를 받을 수 있습니다. 주택임대소득을 제외한 해당 과세기간의 종합소득금액이 2천만 원 이하이면서 등록임대주택이면 4백만 원의 소득공제를 받을 수 있습니다.

[분리과세 선택 시 산출세액의 계산]

□ **과세표준**
 = 수입금액 − 필요경비(50%/60%) − 공제금액(2백만 원/4백만 원)

□ **산출세액** = 과세표준 × 세율(14%)

□ **결정세액** = 산출세액 − 세액감면

분리과세 선택 시 세율은 종합과세 시의 누진세율과 달리 14%의 단일세율을 적용합니다. 이렇게 계산한 산출세액에서 소형주택임대사업자 감면을 적용하여 최종적으로 내야 할 결정세액을 계산합니다.

여기서 유의할 점은 분리과세 선택 시에는 종합과세 선택 시와 달리 연말정산 시 적용하는 의료비 세액공제, 교육비 세액공제 등은 적용할 수 없고, 오로지 소형주택임대사업자 감면만을 적용할 수 있습니다.

또 분리과세 시에도 종합과세와 마찬가지로 최종 내야 할 세액의 10% 상당액을 지방소득세로 내야 합니다.

아울러 등록임대주택의 필요경비율(60%) 및 공제금액(4백만 원) 적용 후 4년 이상(2020년 8월 18일 이후 지자체 등록 민간임대주택은 10년) 미임대 시 등록과 미등록에 따른 차액을 추징(이자 상당 가산액 1일 0.022% 포함)합니다.

임대소득이 발생하면 종합소득세를 반드시 따져야 한다

구분	첫 번째 주택	두 번째 주택	세 번째 주택
	주택임대사업자 등록	주택임대사업자 미등록	
수입금액	80만 원 × 12개월	60만 원 × 12개월	과세 제외
필요경비	960만 원 × 60%	720만 원 × 50%	
소득금액	384만 원	360만 원	
공제금액	400만 원	200만 원	과세 제외
적용세율	14%	14%	
소득세액	0원	224,000원	
지방소득세 10%	0원	22,400원	
합계 납부세액	0원	246,400원	

전세를 월세로 환산하는
간주임대료 계산 방식은?

3주택 이상을 소유하고 전세 계약 등으로 인하여 보증금 등을 받게 되면, 해당 주택의 보증금 등의 합계액이 3억 원을 초과하는 경우 간주임대료를 총수입금액에 산입합니다. (소형주택은 2023년 12월 31일까지는 주택 수에 포함하지 않습니다.)

 세알못

간주임대료란 구체적으로 무엇을 말하며, 어떻게 계산하나요?

 택스코디

간주임대료란 보증금을 받았을 때, 이를 은행에 예치하는 방법 등을 통하여 얻을 수 있는 이익을 임대료로 간주하여

임대소득이 발생하면 종합소득세를 반드시 따져야 한다

임대료 수입으로 환산하는 개념으로서 그 구체적인 계산방법은 다음과 같습니다.

□ **간주임대료**
= (보증금 적수의 합 − 3억 원) × 60% × 정기예금이자율
  (2021년 기준 1.2%)

※ 보증금 등을 받은 주택이 2주택 이상이면 보증금 등의 적수가
  가장 큰 주택의 보증금 등부터 순서대로 차감)

 세알못

그럼 아래와 같이 주택 3채를 단독으로 임대하는 경우(임대 기간은 모두 1.1. ~ 12.31.) 간주임대료 계산은요?

구분	보증금(원)	월세(원)	임대기간	주거전용면적	기준시가
A주택	150,000,000	1,000,000	1.1.~12.31.	69㎡	4억
B주택	100,000,000	−	1.1.~12.31.	65㎡	2.5억
C주택	350,000,000	1,300,000	1.1.~12.31.	109㎡	6억

택스코디

먼저 각 주택의 간주임대료를 계산하면 아래와 같습니다.

□ **A 주택 : 1,080,000원**

= [(1.5억 원 − 0)×365]×0.6÷365×1.2%

□ **B 주택 : 720,000원**

= [(1억 원 − 0)×365]×0.6÷365×1.2%

□ **C 주택 : 360,000원**

= [(3.5억 원 − 3억 원)×365]×0.6÷365×1.2%

여기에 월세 수입을 더하면 아래 표와 같습니다.

구분	간주임대료(원)	월세(원)	합계(원)
A주택	1,080,000	12,000,000	13,080,000
B주택	720,000	−	720,000
C주택	360,000	15,600,000	15,960,000
합계			29,760,000

임대소득이 발생하면 종합소득세를 반드시 따져야 한다

주택임대소득을
종합과세 방식으로 신고하는 방법은?

주택임대에서 발생하는 수입금액이 2천만 원을 초과하면 다른 소득(근로소득 또는 사업소득 등)과 합산해 종합과세합니다.

세알못

급여소득 금액이 6천만 원(근로소득 공제 및 각종 소득공제 후)이고, 월세 수입 등이 2천5백만 원이 발생했습니다. 종합소득세 계산은 어떻게 하나요?

택스코디

종합소득에 합산과세 되어 신고하는 경우에는 주택임대 등에서 발생한 수입금액에 대해 필요경비를 차감해 소득금액을 산출해야 합니다. 이때 수입금액에 따라 장부 작성이 필요하기도 합니다.

소득세법에 따라 사업을 영위하는 사업자는 소득금액을 계산할 수 있도록 증빙서류 등을 갖춰놓고 그 사업에 관한 모든 거래 사실이 객관적으로 파악될 수 있도록 복식부기에 따라 장부에 기록 관리해야 합니다. 다만 업종별 일종 규모 미만의 사업자는 간편장부 대상자가 될 수 있으며, 주택임대사업자는 그 기준 금액을 7,500만 원으로 하고 있습니다.

주택임대 수입금액 기준으로 주요 세금신고와 관련한 기준 금액은 다음과 같습니다.

수입금액 기준	2,400만 원 이하	4,800만 원 이하	7,500만 원 이하	7,500만 원 초과
장부기장	간편장부	간편장부	간편장부	복식장부
추계신고	단순경비율	기준경비율	기준경비율	기준경비율
장부미작성 시 가산세	–	–	무기장가산세	무기장가산세
기장세액공제	기장세액공제	기장세액공제	기장세액공제	–

다만, 최초 신고 시에는 납세 편의를 위해 다음과 같이 간단하게 분류합니다.

임대소득이 발생하면 종합소득세를 반드시 따져야 한다

수입금액 기준	7,500만 원 이하	7,500만 원 초과
장부기장	간편장부	
추계신고	단순경비율	기준경비율
장부미작성 시 가산세	해당 없음	
기장세액공제	기장세액공제(20%)	

소형주택 임대사업자
세액감면을 받을 수 있다

국민의 주거 생활 안정과 영세임대주택사업자에 대한 세금 부담을 경감시키기 위해서 세법에서는 일정한 요건을 충족하는 소형주택 임대사업자에 대해서 세액감면을 적용하고 있습니다.

세무서와 지자체 양쪽 모두에 임대사업자 등록을 해야 하고, 아래의 요건을 충족하는 경우 20%(장기일반임대주택은 50%)의 세액감면을 받을 수 있습니다. 다만, 소득세를 신고하지 않거나 신고기간이 지나서 신고하는 경우에는 세액감면의 혜택을 받을 수 없습니다.

■ 세액감면 요건

□ 세무서와 지자체에 모두 사업자등록을 하였을 것

□ 국민주택규모(주거전용면적이 1세대당 85㎡ 이하인 주택, 수도권을 제외한 읍·면 지역은 100㎡ 이하) 이하의 주택일 것

□ 임대개시일 당시 기준시가 6억 원을 초과하지 않을 것

☐ 임대보증금·임대료의 증가율이 5%를 초과하지 않을 것

☐ 임대주택을 1호 이상 4년 (장기일반임대주택은 8년)이상 임대할 것

　의무 임대기간 요건과 관련하여 상속으로 인하여 피상속인이 임대하던 임대주택을 상속인이 취득하여 임대하는 경우 피상속인의 임대기간을 상속인의 임대기간에 포함하여 계산할 수 있습니다.

　또한 '공익사업을 위한 토지 등의 취득 및 보상에 관한 법률' 등의 법률에 따른 수용으로 임대주택을 처분하거나 임대할 수 없는 경우에는 해당 임대주택을 계속 임대하는 것으로 봅니다.

　또 소형주택임대사업자 세액감면을 받으면 감면받은 세액의 20%를 농어촌특별세로 내야 합니다.

　2021년 귀속 주택임대소득(2022년 5월 신고)부터는 위 요건에 해당하는 임대주택을 2호 이상 임대하는 경우 20%(장기일반임대주택은 50%)의 감면율을 적용합니다.

 세알못

　감면받은 후 의무임대기간을 채우지 못하면요?

택스코디

감면받은 세액과 이자 상당의 가산액을 소득세로 내야 합니다.

□ **감면받은 세액 전액**

(장기일반민간임대주택 등을 4년 이상 8년·10년 미만 임대한 경우 감면받은 세액의 60%)

□ **이자 상당 가산액**

감면받은 세액 등 × 감면받은 과세연도의 종료일 다음 날부터 사유가 발생한 과세연도의 종료일까지의 기간 × 0.022%

다만, 다음의 사유에 의하여 의무임대기간을 채우지 못하는 경우 불가피한 사정이 있는 것으로 보아 감면세액과 이자상당액을 추징하지 않습니다.

1. 파산 또는 강제집행에 따라 임대주택을 처분하거나 임대할 수 없는 경우

2. 법령상 의무를 이행하기 위해 임대주택을 처분하거나 임대할 수 없는 경우

3. '채무자 회생 및 파산에 관한 법률'에 따른 회생절차에 따라 법원의 허가를 받아 임대주택을 처분한 경우

세액감면을 받기 위해서는 종합소득세를 신고할 때 세액감면신청서와 함께 지자체에서 발급받은 사업자등록증, 임대조건 신고증명서, 표준임대차계약서 사본, 임대차계약 신고 이력 확인서를 첨부하여 세무서에 제출하여야 합니다.

상생임대인 제도를 이용해
갭투자 가능할까?

6·21 부동산 대책의 핵심은 '상생임대인 제도'입니다. 2024년 말까지 임대료를 직전 임대차 계약의 5% 이내로 올리면 양도소득세 비과세 혜택(매각금액 12억 원까지)을 받기 위한 2년 실거주 요건을 채우지 않아도 됩니다.

2017년 8월 이후 서울 등 조정대상지역에 취득한 주택을 양도할 때 비과세를 받으려면 2년 이상 거주 요건을 채워야 하지만, 상생임대인에 대해서는 이런 실거주 의무를 면제해 줍니다. 보유·거주 기간에 따라 양도차익의 최대 80%까지 공제받는 장기보유특별공제의 실거주 의무 2년도 면제됩니다. 다만 주택은 2년 이상 보유해야 하며, 양도 시점에 1세대 1주택자인 경우에만 해당합니다.

임대소득이 발생하면 종합소득세를 반드시 따져야 한다

구분		종전	개편
상생임대주택 인정 요건		임대개시 시점 1세대 1주택자 +기준시가 9억 원 이하 주택	폐지 (임대개시 시점에 다주택자이나 향후 1주택 전환계획이 있는 임대인에게도 해당)
혜택	비과세	조정대상지역 1세대 1주택 양도세 비과세 2년 거주요건 중 1년 인정	조정대상지역 1세대 1주택 양도세 비과세 2년 거주요건 면제
	장기보유 특별공제	×	1세대 1주택 장기보유특별공제 적용 위한 2년 거주요건 면제
적용기한		2022년 12월 31일	2024년 12월 31일

 세알못

서울 강남의 고가주택을 임대해도 인정받을 수 있나요?

 택스코디

그렇습니다. 현재는 기준시가 9억 원 이하 주택만 상생임대 주택으로 인정되지만, 정부는 곧 시행령을 개정해 가격 요건을 없애기로 했습니다. 개정안이 시행되면 주택가격과 무관하게 인정받을 수 있게 됩니다.

세알못

주택을 3채 보유한 다주택자입니다. 혜택을 받을 수 있나요?

택스코디

다주택자도 상생임대차 계약을 체결할 수는 있지만, 상생임대차 계약을 맺은 주택을 마지막으로 팔 때만 혜택을 받을 수 있습니다. 2채를 팔 때까지는 혜택이 없습니다.

예컨대 A · B · C 주택 3채를 보유한 다주택자가 C 주택의 임대료를 5% 이내로 올렸다고 가정합시다. A · B 주택을 먼저 처분하고 나중에 C 주택을 처분할 때 실거주 요건 없이 양도세 비과세 혜택을 받을 수 있다는 말입니다. 먼저 판 A · B 주택은 설령 임대료를 5% 이내로 올려 계약했다고 하더라도 양도세 면제 혜택이 주어지지 않습니다.

세알못

의무임대 기간은요?

택스코디

직전 임대차계약에 따른 의무임대 기간은 1년 6개월입니

임대소득이 발생하면 종합소득세를 반드시 따져야 한다

다. 이후 새로 맺는 상생임대차 계약에 따른 의무임대 기간은 2년입니다.

상생임대차 계약 의무임대 기간 판단 기준은 실제 임대한 기간을 기준으로 판정합니다. 계약 기간이 1년이라도 묵시적 갱신 등으로 2년간 임대가 이뤄졌다면 의무임대 기간을 채운 것으로 인정합니다. 반대로 계약기간이 2년이더라도 실제 임대 기간이 1년이라면 의무임대 기간을 채운 것으로 인정하지 않습니다. 문제는 2년에서 하루 이틀이 모자라는 경우입니다. 이 경우 실제 임대간 2년을 채우지 못했기 때문에 상생임대인 혜택을 주지 않습니다. 임차인이 최소 2년간 안정적으로 거주하게 한다는 제도의 취지이기 때문입니다.

 세알못

임차인이 계약갱신청구권을 행사한 경우는요?

 택스코디

임차인의 계약갱신청구권 행사로 재계약을 맺은 경우는

상생임대인으로 인정해줍니다.

세알못

이전에 거주하던 임차인이 나가고 새로운 임차인과 계약을 체결했습니다.

택스코디

임차인이 달라지더라도 임대료를 5% 이하로 올리면 상생임대인으로 인정해줍니다.

세알못

갭투자 (전세를 끼고 주택을 매입)한 1세대 1주택자입니다. 새로 임대차 계약을 체결하면서 임대료를 5% 이내로 올리면 상생임대인 혜택을 받을 수 있나요?

택스코디

주택을 매입하면서 종전 임대인과 임차인 사이에 체결된 계약을 승계받았다고 합시다. 다음 계약 때 임대료를 5% 이내로 올렸더라고 상생임대인으로 인정하진 않습니다. 상생임대채 계약은 같은 임대인이 직접 전세 계약을 체결한

건을 비교해 판단하기 때문입니다.

　예를 들어 A씨가 2022년 8월 전세계약이 1년 남은 아파트를 '갭투자'로 산다고 합시다. 이 아파트에는 2023년 8월 전세가 만료되는 세입자가 있습니다. A 씨는 이 아파트 세입자와 2023년 8월 재계약을 할 때 5% 이내로 인상한다고 해도 상생임대인이 될 수 없습니다. 이 아파트 세입자와 직전계약을 한 사람은 전 집주인이기 때문입니다. A씨가 상생임대인이 되려면 기존 세입자든 새로 세입자를 구하든 전세계약을 새로 한 후, 법이 정한 최소한의 전세기간을 유지해 2024년 12월 31일 전에 5% 인상 갱신계약을 해야 합니다. 그런데 A 씨의 경우 내년 8월 이후면 세입자와 계약이 만료되기 때문에 2024년 12월 31일까지 자신이 계약한 세입자와 최소 전세 거주기간을 채우지 못해 결과적으로 상생임대인이 되지 못합니다.

　따라서 상생임대인 혜택을 이용해 갭투자를 하려는 무주택자들은 2022년 말까지 전세 계약이 끝나는 주택 가운데 대상을 찾아야 합니다.

세알못

전세에서 월세로, 또는 월세에서 전세로 전환해도 상생 임대차계약으로 인정받을 수 있나요?

택스코디

그렇습니다. 이때 임대료 인상 폭은 법으로 정한 산정률 (전월세 전환율)을 활용해 계산합니다. 예컨대 전세보증금 3억 원인 주택을 월세 보증금 5,000만 원으로 전환하면서 임대료 5% 이하 인상을 충족하려면 82만8,125원 이하로 월세를 설정해야 한다는 계산이 나옵니다. 월세 보증금 2,000만 원에 월세 50만 원인 주택을 전세로 전환할 경우라면, 전세보증금을 1억8,900만 원 이하로 설정해야 합니다.

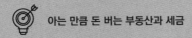

부모님 부동산, 증여, 상속 중 뭐가 좋은가?
증여는 공시가격 고시일 전이 유리하다
배우자 증여 후 다시 팔면 최고의 절세다
부담부증여, 다주택자에게는 절호의 찬스다
증여재산가액 평가방법이 바뀐다

증여가
답이 되는
시대이다

부모님 부동산, 증여, 상속 중 뭐가 좋은가?

 세알못

　부모님의 부동산을 지금 증여로 받는 것이 좋을까요? 돌아가시고 난 뒤 상속으로 받는 것이 좋을까요?

택스코디

　많은 사람이 궁금해하는 질문 중 하나입니다. 대부분은 가능하면 돌아가시고 난 뒤 받는 것이 세금 측면에서는 유리합니다.

　증여는 생전에 받는 것을 의미하며, 상속은 사망 후에 받는 것을 뜻합니다. 상속세는 사망한 사람의 재산을 기준으로 계산하는데, 배우자가 살아 있으면 10억 원까지는 상속세가 발생하지 않습니다. 따라서 상속받는 재산이 10억 원이 안 되는 경우라면, 상속 후 부동산을 받는 것이 상속세가 발생하지 않기 때문에 일반적으로 증여보다 유리합니다.

증여세는 증여받은 금액이 10년 동안 합산해서 일정한 금액이 넘으면 발생합니다. 배우자에게 받은 금액은 6억 원, 직계존비속에게 받은 금액은 5천만 원(미성년자는 2천만 원), 기타 친인척에게 받은 금액은 1천만 원이 넘으면 증여세가 발생합니다. 따라서 부모님께 아파트를 증여받으면, 보통 증여세가 몇천만 원씩 나온다고 생각해야 합니다.

상속·증여세법은 일정액 이하의 증여를 허용하기 위해 다음과 같이 증여재산공제 제도를 두고 있으므로 증여재산공제 금액까지는 증여세를 내지 않아도 됩니다.

[증여재산공제]

증여자	공제한도액
배우자	6억 원
직계존속	5천만 원(수증자가 미성년자인 경우 2천만 원)
직계비속	5천만 원
기타친족	1천만 원
그 외	없음

증여가 답이 되는 시대이다

정리하면 상속으로 받으면 10억 원까지는 상속세가 나오지 않아 세금 없이 받을 것을, 살아계실 때 굳이 부모님에게 증여를 받아 증여세를 낼 필요가 없다는 것입니다. 또 증여를 받고 난 후 증여한 자가 10년 이내 사망 시 상속세 계산에 포함되어 증여세와 상속세 중 큰 금액을 결국 부담을 해야 하니 더더욱 증여는 신중해야 합니다.

사망 후 고인의 통장에서 돈을 출금해 아파트를 취득한 경우 상속으로 인한 취득이므로, 고인의 재산이 10억 원 이하이면 상속세가 발생하지 않으나, 사망 하루 전에 돈을 출금해 아파트를 취득하면, 살아 있을 때 증여받은 것으로 볼 수 있으므로 증여세가 발생합니다. 또 증여받은 자는 재산이 늘어나게 되어 보유하고 있다는 사실만으로도, 보유세 성격의 재산세나 종합부동산세가 발생할 수 있으며, 국민연금이나 건강보험료가 발생 또는 증가할 수 있습니다.

다만 재산세나 종합부동산세가 증여자 기준으로 너무 많이 나온다고 하면, 재산이 없는 자녀에게 분산해서 줄일 수 있으나, 이때 발생하는 증여세가 너무 많이 나온다면 증여를 하지 않는 것이 좋습니다. 그리고 각종 사회보장정책 또한 재산이 많이 포착되면, 지원 대상에서도 배제될 수 있습니다. 무엇보다 상속으로 재산 배분 시 상속받는 상속인들 간에 다툼이 발생할 것으로 예측되면 상속공제를 포기하고, 사망 전에 재산을 증여로 배분하는 것이 좋을 수가 있습니다.

증여가 답이 되는 시대이다

증여는 공시가격 고시일 전이 유리하다

부동산 '가격공시'란 국가 및 지방자치단체가 다양한 행정목적 활용을 위해 부동산 가격공시에 관한 법률에 따라 국토교통부에서 매년 1월 1일을 기준으로 부동산의 적정 가격을 공시하는 것을 말합니다.

1989년부터 도입(주택은 2005년부터 도입)된 부동산에 대한 공시가격은 각종 보유세·건보료 부과·기초생활보장급여 대상 선정, 감정평가 등 60여 개 분야에서 활용되고 있습니다.

주택에 대한 공시가격은 단독주택과 공동주택으로 구분하여 매년 1월 표준단독주택에 대한 공시가격을 공시 후 4월 말 공동주택과 개별단독주택에 대한 공시가격이 확정됩니다.

공동주택, 표준단독주택에 대한 공시가격 열람은 부동산 공시가격알리미 누리집에서 조회 가능하며, 개별단독주택에 대한 공시가격은 관할 지방자치단체 홈페이지에서 확인 가능합니다.

세알못

저는 아파트 2채를 보유하고 있으면서 종합부동산세 납부가 부담스러워 거주 중인 아파트 이외의 나머지 1채를 자녀에게 증여할까 고민 중입니다. 다주택자에 대한 양도소득세 중과 때문에 매도하기도 쉽지 않고, 요즘 젊은 사람들이 월급만 열심히 저축해서는 주택을 구매하기 쉽지 않다는 것을 잘 알기에 곧 결혼을 앞둔 자녀에게 아파트를 증여하는 쪽으로 마음을 굳히는 중입니다.

택스코디

실제로 양도소득세 중과, 대출 규제와 금리 인상 등의 영향으로 인해 아파트 거래량은 급격히 떨어지고 있는데 증여 거래의 비중은 늘고 있습니다. 서울 아파트 거래량 중 증여가 차지하는 비중은 2017년 5.3%에서 2018년 9.4%, 2021년 12.2%로 점차 높아지고 있습니다.

아파트 1채를 자녀에게 증여하겠다는 것만 결정하고 증여 시기를 결정하지 못하고 있는 세알못 씨는 어떤 세금을 고려해야 하고, 언제까지 증여하는 것이 절세 측면에서 가장 좋을까요?

현재 지방세법에서는 무상 취득인 상속과 증여의 경우에 시가표준액인 공시지가(주택의 경우, 공동주택가격 또는 개별주택공시가격)를 과세표준으로 해서 취득세를 부과하고 있는데 지방세법 개정으로 2023년 1월 1일부터는 취득세 과세표준을 '취득일로부터 6월 이내 감정가액, 공매가액 및 유사매매사례가액 중 가장 최근 거래가액'인 "시가인정액"으로 적용할 예정입니다.

즉, 세알못 씨가 2022년 12월 31일 이내에 아파트를 자녀에게 증여한다면 자녀는 공동주택가격을 과세표준으로 취득세를 내면 되지만, 2023년 1월 1일부터는 흔히 '시가'라고 볼 수 있는 증여 시점 6개월 이내에 동일 아파트 단지에서 거래된 동일 면적 거래의 유사매매사례가액을 과세표준으로 해서 취득세를 내야 합니다. 아파트의 경우 보통 공동주택가격이 시가의 70~80% 수준에서 형성되기 때문에 취득세 과세표준이 공동주택가격이냐 시가인정액이냐에 따라 취득세 부담 금액에서 차이가 날 수밖에 없습니다. 따라서 취득세 절세를 고려한다면 세알못 씨는 아파트 증여로 인한 취득세의 과세표준을 공동주택가격으로 적용받을 수 있는 2022년 연말 이내에 증여하는 것이 좋습니다.

다시 복습하자면 종합부동산세는 세대 단위가 아닌 인별 과세로서 과세기준일은 6월 1일입니다. 종합부동산세의 납부는 12월

(12.1~12.15)에 이루어지지만 12월을 기준으로 판단하는 것이 아니라 6월 1일을 기준으로 판단하는 것입니다. 따라서 6월 1일에 주택을 소유한 자(재산세 납세의무자) 중 공시가격을 합산한 금액이 6억 원(2023년부터는 9억 원으로 바뀔 예정)을 초과하는 경우 종합부동산세를 낼 의무가 있습니다.

따라서 세알못 씨가 종합부동산세를 절세하기 위해서는 인별 과세되는 종합부동산세의 특성을 고려하여 과세기준일(6월 1일)이 되기 전에 증여세 신고를 완료하는 것이 좋습니다. 그런데 주택 공시가격은 4월 말에 확정됩니다.

결국, 자녀에게 아파트 1채를 증여하기로 마음먹었다면 증여 시점은 취득세와 종합부동산세를 모두 절세할 수 있는 6월 1일 이전이어야 합니다.

그런데 여기서 반드시 한 가지 더 고려해야 할 점은 바로 매년 주택 공시가격의 확정 시점입니다. 매년 4월 말에 그해의 주택에 대한 공시가격이 확정됩니다.

만약 공동주택 공시가격의 결정·공시 이전에 세알못 씨가 자녀에게 아파트를 증여한다면 그의 자녀는 전년도 기준 공동주택가격을 적용하여 취득세를 내면 됩니다. 참고로 증여세는 시가 과세가 원칙이고, 아파트의 경우 유사매매사례가액이라는 시가인정액으로 증여세가 과세될 가능성이 크기 때문에 아파트 공시가격과는 관련성이 떨어지는 편입니다. 하지만 아파트와 달리 유사매매 사례가액을 시가로 적용하기 어려운 단독주택을 증여하는 경우라면 4월 말에 확정되는 개별주택공시가격의 변동 여부에 따라 증여세도 달라질 수 있습니다.

배우자 증여 후 다시 팔면 최고의 절세다

결혼한 사람이라면 일상에서 가장 금전 거래가 빈번한 대상은 바로 배우자입니다. 생활비부터 저축까지 부부 중 한쪽의 계좌로 관리하는 경우가 많아 한 달에도 몇 번씩 현금이 오갑니다. 세법상 부부 간 증여는 10년을 기준으로 6억 원까지 증여세가 부과되지 않습니다.

 세알못

그렇다면 부부간 현금 거래 등이 이 같은 기준을 넘기지 않도록 일상적으로 관리해야 하나요?

 택스코디

부부간 현금 이동은 대부분 증여로 인정되지 않아 증여세 부과 대상에서 제외됩니다. 생활비는 물론 자금 공동관리, 가족 생활비 지급 등 다양한 목적에 대해 증여로 인정할 수 없다는 대법원 판례가 있기 때문입니다.

몇몇 특수 사례에 대해 세무당국이 증여세 부과에 나서기도 했지만, 조세심판에서 패소했습니다. 2006년부터 2년여간 35회에 걸쳐 배우자에게 13억 3,851만 원을 보낸 A 씨의 사례가 대표적입니다. 세무당국은 이체된 금액이 생활비 등으로 보기에는 과도하게 많고, 공동사업을 하는 배우자에게 사업자금을 증여하기 위한 것으로 판단해 증여세를 부과했습니다. 행정법원에서는 세무당국의 손을 들어줬지만, 대법원에서 뒤집혔습니다. 대법원은 "부부간 자금 이동에는 다양한 목적이 있는 만큼 현금이 이전됐다는 것만으로 증여라고 판단할 수 없다"라며 "해당 자금이 증여세 부과 대상인지 여부를 세무당국이 증명해야 한다"라고 판결했습니다.

아내의 복권 당첨을 통해 받은 상금으로 남편 명의의 아파트를 사더라도 증여에 해당하지 않는다는 판결도 있었습니다. 50억 원의 복권 상금을 아내 계좌에 이체한 뒤 남편 명의로 아파트와 자동차를 구매한 부부의 사례입니다. 세무당국은 복권 상금을 아내가 수령했으므로 남편 명의로 구매한 아파트 등은 증여된 것으로 판단해 증여세를 부과했습니다. 이에 불복해 부부가 제기한 소송에서 법원은 증여세 부과를 취소시켰습니다. 부부 관계의 특성상 복권 당첨금은 부부의 공동 재산으로 인정된다는 것입니다. 아파트 및 자동차 구매 가액이 복권 당첨금의 50%를 넘지 않았다면 아내 계좌의 자금을 이용했더라도 남편 몫의 돈을 사용한 것으로 인정돼 증여세를 부과할 수 없다고 판단했습니다.

부부간 현금 증여에 대해 세무당국이 조사하는 사례는 많지 않습니다. 다만 배우자의 갑작스러운 사망으로 상속세를 부과하는 과정에서 과거에 지급한 현금이 증여 및 상속 행위에 따른 것으로 분류될 수 있습니다. 하지만 앞선 사례에서 볼 수 있듯 부부 간 증여는 증명이 쉽지 않고 법원에서도 인정되지 않을 가능성이 있습니다.

그러나 아파트 등 부동산을 일부나 전부 배우자 명의로 넘긴다면 증여로 인정돼 증여세가 부과됩니다. 하지만 이때도 6억 원 이하까지는 공제받을 수 있어 증여받은 배우자는 부동산 취득에 따른 지방세만 내면 됩니다.

2018년 4월 1일 이후 조정대상지역에 있는 주택을 양도할 경우 장기보유 특별공제가 배제되고 중과세율이 적용돼 양도소득세 부담이 매우 커졌습니다. 이를 절세하기 위한 여러 가지 방법이 있으나, 이번에는 부부 간 증여를 통해 양도하는 방법을 살펴보겠습니다.

투자용으로 사둔 A 아파트가 가격이 크게 상승했습니다. 그런데 이를 팔자니 조정대상지역에 있어 양도소득세 중과가 두렵습니다. 이럴 때 배우자에게 증여하면 증여 당시의 시세가 취득가로 다시 인정받기에 이를 받은 배우자는 향후 양도 시 상대적으로 적은 양도차익에 대해서만 세금을 부담하면 됩니다.

예를 들어 10년 전 3억 원에 구매한 아파트가 현재 6억 원이라고 하면, 이를 배우자에게 증여하고 배우자는 다시 제3자에게 양도하는 사례입니다. 이때 중요한 건 '5년(2023년부터는 10년으로 바뀔 예정)'이라는 숫자입니다.

증여를 받은 후 5년 안에 팔면 과세당국은 조세 회피 목적이 있다고 간주하고, 증여 당시 가액인 6억 원이 아니라 당초 취득가인 3억 원으로 양도소득세를 계산해 과세합니다. 이 경우 양도소득세 절세 효과는 사라지며, 증여로 인한 취득세만 물게 되어 오히려 손해를 볼 수 있습니다.

 세알못

그럼 5년이 넘어서 처분하면요?

택스코디

　증여를 받고 5년이 지나 양도를 하면 이때는 조세 회피 목적이 없다고 판단해 취득가액을 증여받은 가액인 6억 원으로 봅니다. 만약 5년 후 해당 아파트가 7억 원으로 올랐다면, 이때는 양도차익 1억 원에 대해서만 양도소득세를 내면 되기에 절세 효과가 있는 것입니다.

　배우자 이월과세는 기존 양도차익이 큰데 양도소득세 중과가 두려운 경우 활용해볼 만한 방법입니다. 5년 후 해당 주택의 가격이 어떻게 될지 모르니, 확실한 시세차익이 예상될 때 이러한 방법을 활용하는 것이 좋습니다.

부담부증여, 다주택자에게는 절호의 찬스다

2022년 5월 10일부터 1년간 한시적으로 조정대상지역 다주택 자라고 하더라도 양도소득세 중과세를 유예해 주고 있습니다. 자녀 등 가족에게 부동산을 증여할 계획이라면 부담부증여가 더 유리할 수 있지만, 그동안 다주택자들은 채무승계 부분에 대한 양도소득세가 중과되어 오히려 단순 증여보다 더 불리했습니다.

하지만 중과 유예 기간 동안 채무승계에 대한 양도소득세가 6~45%의 기본세율이 적용되므로 일반증여보다 더 유리할 수 있습니다.

주택을 보유한 부모가 자녀 또는 가족에게 재산을 이전하는 방식은 제 3자에게 주택 양도 후 대금을 자녀에게 증여해 자녀가 새로운 주택을 취득, 부모가 자녀에게 주택을 증여, 자녀에게 전세보증금 등 채무를 승계하는 주택 부담부증여 등을 생각해볼 수 있습니다.

대표적인 3가지 사례를 통해 세액을 비교해보겠습니다. 세액계산은 모든 구체적인 상황을 가정할 수 없으므로, 큰 틀의 비교를 위해 장기보유특별공제, 기본공제, 신고세액공제 등의 크지 않은 부분들은 생략하여 계산했고 대상이 되는 주택의 면적 등에 따라 세액은 달라질 수 있습니다.

□ 부모님은 다주택자, 자녀는 무주택자로 별도세대를 구성
□ **양도가**(시가) : 10억 원 □ **취득가** : 3억 원
□ **전세보증금** : 6억 원 □ **주택공시가격** : 7억 원

첫 번째 방법은 부모가 제 3자에게 주택을 양도 후 대금을 자녀에게 증여한 후 자녀가 새로운 주택을 취득하는 겁니다. 이럴 때 조정대상지역의 다주택자는 원칙적으로 기본 양도소득세율 6~45%에 20%(30%)의 세율이 중과되어 대략 2억8,500만 원 정도의 세금이 발생합니다. 다만, 중과유예 기간 내에 양도하는 경우 기본 양도소득세율이 적용됩니다. 부모가 10억 원에 주택을 양도하고 전세보증금 6억 원을 상환하고 남은 4억 원을 자녀에게 증여하는 경우 자녀에게는 현금 수증에 대한 증여세가 부과됩니다. 증여세는 대략 6,000만 원 정도가 됩니다.

10억 원의 주택을 증여 및 부담부증여하는 상황과 비교하기 위해 무주택자인 자녀가 증여받은 4억 원과 전세 6억 원이 체결된 주택을 갭투자 하는 경우, 매매가액 10억 원에 대하여 1~3%의 기본취득세율이 적용됩니다. 이렇게 취득세 3,500만 원까지 모두 합하면 총 3억8,000만 원 정도의 세금을 부담해야 합니다.

두 번째는 부모가 자녀에게 주택을 단순 증여하는 경우입니다. 이 방법의 가장 큰 장점은 양도소득세는 발생하지 않는다는 점입니다. 전세보증금 등의 채무가 설정된 주택을 단순 증여할 때에 입니다. 다만, 증여 후 기존 부동산의 채무는 증여자인 부모가 상환해야 합니다.

채무를 승계하지 않는 단순 증여의 경우 주택의 시가인 10억 원에 대해 부동산 수증에 따른 증여세가 부과됩니다. 해당 증여세는 2억2,000만 원입니다. 이때 직계비속이 증여받는 재산은 10년간 5,000만 원이 공제됩니다.

조정대상지역 내 공시가격이 3억 원이 넘는 주택을 다주택자인 부모가 자녀에게 증여하는 경우 주택 공시가격에 대하여 12%의 중과 취득세율이 적용됩니다. 위의 사례로 보면 취득세는 9,000만 원입니다. 따라서 총 세금은 3억1,000만 원을 내야 합니다.

세 번째 방법은 부모가 자녀에게 전세보증금 등의 채무를 승계해 주택을 부담부증여하는 것입니다. 우선 전세보증금 등의 채무를 승계하는 부담부증여의 경우 승계하는 채무 부분에 대해서는 양도소득세가 발생합니다. 중과유예 기간을 활용한다면 다주택자라고 하더라도 해당 양도소득세에 대해 일반세율을 적용받습니다. 낮은 세 부담을 지고 부의 이전을 할 수 있다는 말입니다.

부모가 10억 원의 주택과 6억 원의 채무를 승계하는 경우 차액 4억 원에 대하여 자녀에게 증여세가 부과됩니다. 이때 직계비속이 증여받는 재산은 10년간 5,000만 원이 공제됩니다. 이후 승계한 6억 원의 전세보증금은 자녀가 상환해야 합니다.

취득세는 어떨까요. 부담부증여의 경우 공시가를 기준으로 하여 채무승계 부분에 대한 취득세율과 나머지 부분에 대한 취득세율이 달리 적용됩니다.

먼저 채무승계 부분입니다. 채무승계 부분은 매매를 원인으로 한 것으로 보아 매매에 대한 취득세율이 적용됩니다. 매매를 원인으로 한 취득세율은 수증자의 주택 수를 기준으로 산정하며, 무주택자의 경우 채무승계액에 대하여 1~3% 기본취득세율이 적용됩니다. 공시가격에서 채무승계 부분은 다소 다릅니다. 공시가격에서 채무승계 부분을 공제한 금액에 대해서는 증여를 원인으로 한 취득세율이 적용되며, 증여자의 주택 수를 기준으로 산정합니다. 증여자가 다주택자라면 해당 금액에 대하여 12%의 중과취득세율이 적용됩니다.

그렇다면 세 번째 방법을 통해 감정평가를 9억 원으로 받아 진행하는 경우를 살펴보겠습니다. 이는 증여 주택의 상황에 따라 감정평가액은 달라지지만, 세법에서 허용하는 범위 내에서 유리한 감정평가액을 받는 경우, 받지 않는 경우와 비교해 세액을 절세할 수 있습니다. 총 세액을 따져보면 2억500만 원가량이 됩니다.

결론적으로 중과유예 기간을 활용하면 부담부증여가 유리합니다. 우선 양도소득세의 경우, 부동산 증여를 계획하고 있다면 부담부증여를 활용해 절세할 수 있습니다. 양도소득세가 중과되는 다주택자의 경우 부담부증여가 오히려 불리해 진행이 어려웠습니다. 하지만 이번 중과유예 기간을 활용한다면 절세 효과를 누릴 수 있습니다.

증여재산가액 평가방법이 바뀐다

증여하는 부동산의 평가액은 크게 '시가'와 보충적 평가방법인 '기준시가'로 나뉩니다. 아파트 등 부동산을 증여하는 경우 상속세 및 증여세법상 시가로 인정되는 금액을 우선 적용하게 되고, 해당 시가가 없는 경우 기준시가를 적용하여 증여재산을 평가합니다. 아파트 및 세대가 많은 다세대주택은 통상 시가를 기준으로 증여재산가액을 평가합니다.

시가는 상증세법에서 시가란 불특정 다수인 사이에 자유롭게 거래되는 가액이며 수용·경매·감정가액을 포함합니다. 증여 물건과 유사한 물건이 최근 거래된 가격이 있다면 "유사매매사례가"로서 시가로 평가하게 되며, 임의로 감정평가를 받는 경우 '감정평가액'을 시가로 인정받게 됩니다.

따라서 최근 보합세 또는 하락하고 있는 물건이라면 이후 다시 시세가 상승하기 전에 유리한 가액으로 증여를 진행할 수 있으며,

감정평가액 역시 최근 시세 추이를 반영해 시가보다 낮은 가액으로 산정할 수 있습니다.

부동산을 증여하는 경우 증여받는 수증자는 다음의 취득세를 내야 합니다. 다만, 증여자가 1세대 1주택자이면서 배우자 또는 직계존비속에게 증여한다면 취득세가 중과되지 않습니다.

증여취득세가 개정된다는 점에서도 부담부증여가 유리한 이유입니다. 현재 증여취득세는 시가가 아닌 '공동주택가격'을 기준으로 과세하고 있습니다. 공동주택가격은 현재 평균적으로 시가의 70% 정도로 형성되어 있지만, 2023년부터는 부동산 증여나 상속에 따른 취득세는 '공동주택가격'이 아닌 '시가'를 기준으로 취득세를 부과하도록 개정될 예정입니다.

- **1세대 1주택자가 시가 15억, 공동주택가격 10억의 아파트를 자녀에게 증여하는 경우**
  - □ **2022년 기준 발생 취득세** : 4천만 원(공시가격 적용)
  - □ **2023년 기준 발생 취득세** : 6천만 원(시가 적용)

- **다주택자가 시가 15억, 공동주택가격 10억의 아파트를 자녀에게 증여하는 경우**
  - **2022년 기준 발생 취득세** : 1억 3,400만 원(공시가격 적용)
  - **2023년 기준 발생 취득세** : 2억 1백만 원(시가 적용)

따라서 2023년 이후 증여분부터는 증여취득세의 부담이 많이 늘어나게 됩니다. 부담부증여 시 발생하는 세금은 주택의 면적, 증여자와 수증자의 주택 수, 부동산의 종류, 최근 거래가액의 형성 여부, 수증자의 담세력 등의 구체적인 내용에 따라 상황별로 세금이 달라지므로 사전에 시뮬레이션을 통하여 각자의 상황에 따라 절세 방안을 모색하는 것이 좋습니다.

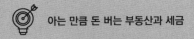 아는 만큼 돈 버는 부동산과 세금

상속 문제 순위에 따라 희비가 엇갈린다
상속세를 줄여주는 상속공제를 알아보자
상속세 어떻게 줄일 수 있을까?
상속세가 많이 나와 부담이 큽니다

가족의
미래를 위해
상속세를
챙기자

9

상속 문제 순위에 따라 희비가 엇갈린다

상속과 증여는 과거 부자들의 전유물로 생각했던 때가 있었습니다. 그런데 이제는 '인생의 출구전략'으로 여기는 분위기입니다.

평소 상속과 증여라는 개념을 섞어서 쓰고 있지만 둘은 닮은 듯 다릅니다. 재산이 무상으로 이전된다는 점에서는 같지만, 증여세는 재산을 주는 사람이 살아 있을 때 재산을 받는 경우 내는 세금이고, 상속세는 재산을 주는 사람의 사망으로 인해 재산을 받았을 때 내는 세금입니다.

상속세와 증여세에 적용되는 세율은 같습니다. 모두 5단계 초과 누진세율이 적용되는데 과세표준 금액에 세율을 곱한 뒤 여기서 누진공제액을 빼는 식입니다.

과세표준 1억 원 이하는 세율 10%, 1억 원 초과 5억 원 이하는 20% (누진공제 1,000만 원), 5억 원 초과 10억 원 이하는 30% (누진공제 6,000만 원), 10억 원 초과 30억 원 이하는 40% (누진공제 1억 6천만 원), 30

억 원 초과는 세율 50% (누진공제 4억 6천만 원)가 적용됩니다.

과세표준	세율	누진공제액
1억 원 이하	10%	–
1억 원 초과 5억 원 이하	20%	1천만 원
5억 원 초과 10억 원 이하	30%	6천만 원
10억 원 초과 30억 원 이하	40%	1억 6천만 원
30억 원 초과	50%	4억 6천만 원

예를 들어 결혼한 자녀에게 집을 증여했을 경우 과세표준이 7억 원이라면 세율 구간은 30%가 되며, 누진공제액 6천만 원을 차감한 1억 5천만 원(7억 원 × 30% – 6천만 원)이 자녀가 부담해야 할 증여세가 되는 겁니다.

참고로 상속세는 상속개시일이 속한 달의 말일부터 6개월 이내에 피상속인 주소지 관할 세무서에 신고·납부하고, 피상속인 또는 상속인 전원이 국외에 주소를 둔 경우에는 9개월 이내에 신고·납부하면 됩니다.

증여세는 증여재산의 취득일(등기를 요하는 경우는 등기접수일)이 속하는 달의 말일부터 3개월 이내에 수증자 주소지 관할 세무서에 신고·납부하면 됩니다.

세알못

아버지가 유언장 없이 사고로 돌아가셨는데 어머니가 대부분 상속재산을 오빠에게 물려주려 합니다. 오빠는 아버지 생전에도 많은 재산을 증여받았습니다. 평소 부모님을 가까이 보살핀 건 오빠가 아니라 접니다. 어떻게 하면 오빠가 상속재산을 물려받는 것을 막고 제가 오빠보다 더 많은 재산을 상속받을 수 있을까요? 공동상속인은 어머니와 1남 1녀입니다.

택스코디

상속재산은 유언장에 따라 분배하는 것이 원칙입니다. 다만, 유언장이 없는 경우에는 상속인 간의 합의대로 분배하며 합의가 이루어지지 않을 것을 대비해 상속의 순위와 그 배분 비율이 민법에 규정되어 있습니다.

유언장도 없고 상속인 간 합의도 되지 않을 경우를 대비한 민법상 상속의 순위와 그 분배비율은 다음과 같습니다.

[상속의 순위]

순위	상속자
1순위	피상속인의 직계비속 + 배우자
2순위	피상속인의 직계존속 + 배우자
3순위	피상속인의 형제자매
4순위	피상속인의 4촌 이내의 방계혈족

차순위는 반드시 선순위가 없어야 상속받을 권리가 생깁니다. 즉, 2순위는 1순위가 없어야 하며, 3순위가 상속을 받으려면 1, 2순위 모두가 없어야 한다는 말입니다.

동순위의 상속인이 수인이면 최근친을 선순위로 합니다. 즉, 할아버지가 사망했을 경우 아들이 상속 권한이 있으며 손자는 상속 권한이 없습니다.

출가한 여성이나 양자, 태아에게도 상속 권한이 있으며 배우자는 법률상 배우자만 인정됩니다.

따라서 세알못 씨처럼 유언장이 없는 경우에는 오빠뿐 아니라 어머니, 여동생도 돌아가신 아버님의 재산을 공동으로 상속받을 권리가 있습니다.

공동상속인은 상속재산을 균등하게 분할 해야 하고 피상속인의 배우자에게는 50%를 가산합니다. 따라서 공동상속인의 어머니에게 1.5, 오빠에게 1, 그리고 여동생에게 1의 상속 권한이 있으며, 이를 비율로 따지면 어머니 43%(1.5/3.5), 오빠와 여동생이 각각 28.5%(1/3.5)입니다.

주요 사례별 상속비율을 요약하면 다음과 같습니다.

순위	상속인	법정상속	
		상속분	배분율
아들 1명, 아내 있는 남편 사망	아내, 아들	아내 1.5 아들 1	1.5/2.5(60%) 1/2.5(40%)
자녀 없이 아내, 부모가 있는 남편 사망	아내, 부, 모	아내 1.5 부 1 모 1	1.5/3.5(43%) 1/3.5(28.5%) 1/3.5(28.5%)
부모님 있는 미혼 자녀 사망	부, 모	부 1 모 1	1/2(50%) 1/2(50%)

민법상 상속순위와 비율은 법으로 명시를 했지만, 공동상속인 간의 협의가 우선하기 때문에 질문자의 경우 공동상속인인 어머니, 오빠, 여동생이 협의하여 얼마든지 상속재산의 비율을 조정할 수 있습니다. 다만, 공동상속인 간에 협의가 이뤄지지 않아 다툼이 있을 때는 민법상 규정을 적용하는 것입니다.

공동상속인 중에 상당한 기간 동거·간호 등으로 피상속인을 특별히 부양하거나 피상속인의 재산 유지·증가에 특별히 기여한 사람은 특별기여분을 더 받을 수 있습니다.

하지만 이는 공동상속인의 동의가 필요하며 만약 공동상속인의 동의가 이뤄지지 않았다면 특별기여자의 청구에 의해서 가정법원이 특별기여분을 결정합니다. 하지만 그동안 판례를 보면 단순히 자녀가 부모님 가까이에서 부모님을 봉양했다는 사실만으로는 특별기여로 인정받기는 어렵습니다. 특별기여로 인정받기 위해서는 상속재산 형성에 기여한 경우 등의 특별한 사유가 있어야 합니다.

상속세를 줄여주는 상속공제를 알아보자

상속세는 피상속인(사망한 자)의 재산에서 채무 등 각종 공제를 차감해 과세표준을 구합니다. 해당 과세표준에 세율을 곱하고 세액공제를 적용하면 상속세가 계산됩니다. 실제 상속세 신고 시 가장 많이 적용되는 기초공제 및 인적공제, 일괄공제, 배우자상속공제, 금융재산상속공제, 동거주택 상속공제와 각 공제 적용 시 유의할 점에 대해 알아봅시다.

먼저 상속세 과세표준이란 상속세액 산출의 기초가 되는 가액으로, 상속세 과세표준이 50만 원 미만일 때에는 상속세를 부과하지 않습니다.

□ **과세표준**
= (상속재산가액 + 사전증여재산 − 비과세, 공과금, 채무, 장례비용 등) − 상속공제

기초공제는 조건 없이 상속세 과세 가액에서 2억 원을 공제해주고 인적공제(자녀공제, 미성년자 공제, 65세 이상 연로자 공제, 장애인 공제)는 일정한 요건을 갖춘 상속인 및 동거가족을 대상으로 일정 금액을 공제해줍니다.

　　상속인은 기초공제와 인적공제를 합친 금액과 일괄공제 5억 원 중 큰 금액을 공제받을 수 있습니다.

　　참고로 비거주자가 사망한 경우에는 상속공제는 기초공제 2억 원만 적용합니다.

　　배우자상속공제는 배우자가 실제 상속받은 금액을 배우자의 법정 상속지분과 30억 원 중 적은 금액을 한도로 상속세 과세 가액에서 공제해줍니다. 다만 이 경우 배우자가 재산을 상속받지 않거나 상속받은 금액이 5억 원 미만이더라도 5억 원을 공제해줍니다. 배우자 상속공제액은 5억~30억까지 공제금액이 큽니다. 또 상속개시일 이후 협의 분할에 따라 공제의 금액이 달라질 수 있어 상속세 절세에 많이 활용됩니다.

　　배우자 상속공제를 5억 원 초과해 받으려고 한다면 상속세 과세표준신고기한의 다음 날부터 9개월이 되는 날까지 배우자의 상속재산을 분할(부동산의 경우 등기까지 완료)하고 납세지 관할 세무서장에게 신고해야 합니다. 해당 요건을 지키지 않으면 상속세 조사 시 공제가 일부 부인당할 수 있으므로 유의해야 합니다.

가족의 미래를 위해 상속세를 챙기자

구분	공제요건	공제액
자녀공제	피상속인의 자녀	1인당 5천만 원
미성년자 공제	상속인(배우자 제외) 및 동거가족 중 미성년자	1인당 1천만 원 × 19세가 될 때까지의 연수
연로자 공제	상속인(배우자 제외) 및 동거가족 중 65세 이상인 자	1인당 5천만 원
장애인 공제	상속인(배우자 제외) 및 동거가족 중 장애인	1인당 1천만 원 × 기대여명 연수

세알못

동거가족의 범위는요?

택스코디

피상속인이 사실상 부양하고 있는 직계존비속(배우자의 직계 존속 포함) 및 형제자매를 말합니다.

기초공제 2억 원 및 그 밖의 인적공제를 합한 금액과 5억 원(일괄 공제) 중 큰 금액으로 공제받을 수 있습니다. 다만, 배우자 단독상속 의 경우에는 일괄공제를 받을 수 없습니다.

상속개시(2022년 3월 1일) 당시 배우자가 장애인이고 자녀는 두 명입니다. 일괄공제만 적용받는 게 나을까요?

- ☐ **배우자** : 40세, 장애인
- ☐ **자녀 A** : 1세 (2021년 1월 1일 출생)
- ☐ **자녀 B** : 7세 (2015년 1월 1일 출생)

 택스코디

자녀공제와 그 밖의 인적공제를 계산하여 그 값이 일괄공제 5억 원과 비교해 큰 금액을 공제받을 수 있습니다.

- ☐ **자녀공제** = 2인 × 5천만 원 = 1억 원
- ☐ **미성년자공제**
  - 자녀 A: 1천만 원 × 18 (19세 – 1세) = 1억 8천만 원
  - 자녀 B: 1천만 원 × 12 (19세 – 7세) = 1억 2천만 원
- ☐ **장애인공제** = 1천만 원 × 47.3(기대여명) = 4억 7,300만 원
- ☐ **합계** : 8억 7,300만 원

금융재산상속공제는 상속개시일 현재 상속재산가액 중 금융재산의 가액에서 금융채무를 뺀 순금융재산의 가액이 2,000만 원

이하이면 전액을, 2,000만 원을 초과하는 경우 20%와 2,000만 원 중 큰 금액을 2억 원을 한도로 공제해줍니다. 금융재산상속공제 적용 시에는 공제 대상인지 여부를 유의해야 하는데 현금, 자기앞수표, 임차보증금, 최대주주가 보유하고 있는 주식, 상속세 신고기한까지 신고하지 않은 타인 명의의 금융재산 등은 공제 대상에 포함되지 않으니 주의해야 합니다.

동거주택 상속공제는 피상속인과 상속인이 상속개시일부터 소급해 10년 이상 하나의 주택에서 동거하면서 1세대 1주택을 유지할 경우 상속주택가액의 100%를 6억 원 한도로 공제해줍니다. 2022년 1월 1일부터 직계비속뿐만 아니라 직계비속 사망에 따라 상속인이 된 며느리나 사위까지 공제 적용 범위가 확대됐습니다. 동거주택 상속공제 적용 시에는 일정한 사유로 동거하지 못한 경우, 일시적 1세대 2주택을 소유한 때도 적용 가능할 수 있으니 공제요건에 해당하는지를 확인해야 합니다.

징집, 취학, 근무상의 형편 또는 질병 요양의 사유에 해당하여 동거하지 못한 경우에는 계속하여 동거한 것으로 보되, 그 동거하지 못한 기간은 동거 기간에는 산입하지 않습니다.

□ **동거주택 상속공제액**

= [주택가액(부수토지 포함) - 담보된 채무가액] × 100%
(공제한도액: 6억 원)

위의 상속공제들은 적용 시 상속공제 종합한도가 적용되니 한도를 따져보는 것이 중요합니다. 상속공제 한도는 상속세 과세가액에서 상속인이 아닌 자에게 유증 등을 한 재산의 가액, 상속인의 상속 포기로 그 다음 순위의 상속인이 상속받은 재산의 가액, 상속세 과세가액에 가산한 증여재산가액을 차감해 계산합니다. 실제 신고 시에 상속공제한도를 잘못 계산해 조사 시 추가세액과 가산세를 물게 되는 경우가 있으니 한도를 정확하게 계산하는 것이 중요합니다.

□ **상속공제 적용 한도액**

= 상속세 과세가액 - 선순위 상속인이 아닌 자에게 유증·사인 증여한 재산가액 - 선순위 상속인의 상속포기로 다음 순위 상속인이 받은 재산가액 - 사전증여한 증여세 과세표준
(상속세 과세가액이 5억 원을 초과하는 경우에만 적용)

가족의 미래를 위해 상속세를 챙기자

상속세 어떻게 줄일 수 있을까?

최근 상속세 관련 기사를 심심치 않게 볼 수 있는데 이 중 가장 눈에 띄는 기사는 상속세가 더 이상 부자들만의 전유물이 아니고, 서울 시내 웬만한 아파트 한 채만 가지고 있어도 상속세 대상이 될 수도 있다는 내용입니다. A 씨는 상속인(상속재산 아파트 15억 원 가정)으로 배우자와 자녀 2명이 있는데, 법에서 정한 상속비율대로 상속을 받는다고 가정하면 배우자는 1.5, 자녀는 각각 1.0의 비율로 상속을 받게 됩니다. 상속재산 15억 원 중 배우자 몫은 약 6억 4,000만 원, 자녀는 각각 약 4억 3,000만 원씩 상속을 받게 됩니다.

이때 공제금액은 일괄공제 5억, 배우자공제는 배우자의 법정상속지분(약 6억4,000만 원) 만큼을 공제받아 상속세는 6,200만 원 정도 발생합니다. 신고세액공제(3%)까지 차감하면 상속세는 6,014만 원으로 소폭 감소합니다. 그런데 만약 이때 상속인에게 금융자산이 없다면 상속세 납부에 어려움이 있을 것입니다. 그래서 상속세

재원은 미리 마련해 둬야 아파트를 급매하는 우를 범하지 않게 되는 것입니다.

 세알못

그럼 A씨가 상속세를 줄이는 방법은 없을까요?

💡 **택스코디**

A 씨의 경우 가장 먼저 생각해 볼 수 있는 상속세 절세 대책은 배우자 증여를 통한 아파트 소유권의 분산입니다. 배우자에 대한 증여재산공제의 한도가 6억 원이기 때문에 증여세를 부담하지 않고도 6억 원까지는 배우자에게 무상으로 줄 수 있습니다. A씨가 현재 시세(15억 원) 기준으로 아파트 지분의 40%를 배우자에게 증여한다면, 본인 지분 9억원, 배우자 지분 6억 원이 되면서, 상속세 부담이 없어지는 것입니다.

그런데 이때 6억 원의 아파트 지분을 배우자 명의로 등기할 때 발생하는 취득세는 피할 수 없습니다. 취득세는 취득원인과 물건에 따라 다릅니다. 1세대 1주택자가 소유한 아파트(주택)를 배우자 또는 직계존비속이 증여받는 경우, 전용면적 85㎡ 이하이면 취득 세율이 3.8%이고 그 외에는 4%입니다. 취득세의 과세표준을 산출하는 기준도 취득원인에 따라 다른데 증여처럼 무상으로 받으면 공시가격으로 신고할 수 있습니다. A씨 아파트 공시가격이 12억 원(전용면적 85㎡ 이하)이라고 가정한다면, 아파트 지분 40%를 배우자에게 증여하는 경우 취득세는 1,824만 원입니다.

물론, A씨가 상속세를 내는 시기가 지금 당장이 아니지만, 상속세 대비 약 4,190만 원의 세금이 절약되는 것을 알아둘 필요는 있습니다.

참고로 단독명의인 아파트의 지분 증여를 통해 부부 공동명의로 변경하는 것은 취득세라는 복병이 발생하기 때문에, 애당초 취득 시점에 공동명의로 등기하는 것이 가장 바람직합니다. 취득세는 부동산의 명의가 1명이든 2명이든 동일하고, 매매로 취득하는 경우 취득세의 과세표준은 실제 신고한 취득금액이 됩니다. 취득 시점에 부부 공동명의로 등기하려면 매매계약서부터 주의해서 작성해야 하며, 매매계약서의 매수인 인적사항에 부부의 이름과 서명(또는 날인)이 모두 들어가야 합니다.

이젠 상속세 재원을 미리 마련해 두는 것은 너무나도 당연하고,

자산 일부를 적절하게 분산하는 방법도 생각해 봐야 합니다. 가정의 자산이 부부 중 한 사람 명의로 집중 또는 지나치게 편중되어 있다면 자산이 커질수록 상속세 리스크도 커지기 때문입니다. 이미 단독명의로 아파트를 보유한 경우 취득세를 부담하면서 배우자에게 지분 증여하는 것이 여의치 않을 수 있겠지만 한 번쯤은 고민해 볼 필요가 있습니다. 그리고 새로운 아파트를 매입할 계획이 있다면 부부 공동명의로 등기하는 것이 대부분 유리합니다.

상속세가 많이 나와 부담이 큽니다

 세알못

지난달 아버님이 돌아가셨습니다. 장례를 치르고 남겨진 재산을 파악해 보니 상가빌딩 등 부동산과 아버님이 운영하시던 비상장 회사의 주식이 대부분입니다. 상속세는 언제까지 내야 하며, 꼭 현금으로만 내야 하나요?

 택스코디

상속세는 아버님이 돌아가신 달의 말일부터 6개월 이내에 신고 및 납부를 하며 현금납부가 원칙입니다. 다만, 특별한 경우에는 세무서의 허락을 받아 통상 5년 동안 연부연납으로 내거나 부동산으로 물납을 할 수도 있습니다.

상속세가 1천만 원을 초과할 경우 다음 금액을 납부기한 경과 후 2개월 이내에 분할납부도 가능합니다.

- ☐ **납부할 세액이 2천만 원 이하** : 1천만 원을 초과하는 금액
- ☐ **납부할 세액이 2천만 원 초과** : 전체 세액의 50% 이하 금액

예를 들어 상속세가 1억 원이고 상속개시일(사망일)이 2월 11일이면 6개월 이내인 8월 31일까지 최소 5천만 원(50%)을 내야 하고 나머지 5천만 원은 2개월 뒤인 10월 31일까지 내면 됩니다.

또 내야 할 세액이 2천만 원을 초과할 경우 세무서로부터 연부연납 허가를 받고 납세담보를 제공하면 연부연납 허가일부터 10년에 걸쳐 세금을 낼 수도 있습니다. (단, 가업상속재산의 경우에는 상속재산 중 가업상속재산이 차지하는 비율이 50% 미만이면 연부연납 허가일부터 10년(3년 거치 7년 가능), 가업상속재산이 차지하는 비율이 50/100 이상이면 연부연납 허가일부터 20년(5년 거치 15년 가능) 간 연부연납 가능)

연부연납을 하게 되면 예금·부동산 등의 담보를 제공해야 하는데 납세담보로 제공되는 토지·건물 등 부동산에 근저당이 설정되며 정기예금 이자에 상당하는 가산금(연 1.5% 전후)이 추가됩니다.

상속세가 2천만 원을 초과하고 부동산과 유가증권의 가액이 전체 상속재산의 1/2을 초과할 경우 세무서장의 허가를 받아 상속세를 부동산이나 유가증권으로 상속세를 낼 수 있으며 물납되는 부동산이나 유가증권의 처분이 용이해야 합니다. 다만, 상속받은 금융재산, 상장주식 가액이 상속세 납부세액에 미달해야만 물납이 가능하며, 비상장주식의 경우는 다른 재산이 없거나 다른 물납 가능 재산이 없는 경우만 물납이 가능합니다.

❶ 분납

납부할 세액이 1천만 원을 초과하면 세금을 2회에 걸쳐 나누어 낼 수 있으며, 2회분 금액은 납부기한 경과 후 2개월 이내에 분납하여 납부할 수 있습니다.

❷ 연부연납

내야 할 세액이 2천만 원을 초과하는 경우 담보를 제공하고 연부연납 신청을 하여 장기간(10년)에 걸쳐 매년 세금을 분납할 수 있습니다.

❸ 물납

상속세를 현금으로 내기 곤란한 경우 일정 요건을 모두 갖추어 관할 세무서장의 승인을 받아 부동산과 유가증권(상장주식 제외), 문화재 및 미술품(2023년 1월 1일 이후 상속이 개시되는 분부터 적용)을 물납할 수 있습니다.

〈상속세 물납의 요건〉

□ 상속세 납부세액이 2천만 원 초과

□ 상속세 납부세액이 상속재산가액 중 금융재산가액 초과

□ 사전증여재산을 포함한 상속재산 중 부동산과 유가증권(상장주식 등 제외)의 가액이 2분의 1초과

상속세 신고기한까지 신고서를 제출하면 내야 할 세액의 3%에 상당하는 세액공제 혜택을 받을 수 있으나, 신고기한까지 신고하지 않으면 신고세액공제를 적용받을 수 없습니다.

또 신고기한까지 신고하지 않거나 과소신고한 경우 10~40%의 무(과소)신고가산세를 부담할 수 있으며, 신고기한까지 납부를 하지 않거나 적게 내면 납부지연가산세를 부담할 수 있습니다.

저는 다양한 경제 뉴스와 신문기사를 비교해 읽는 것을 좋아합니다. 똑같은 사건이라도 언론사에 따라 축소 또는 과장되어 전달되는 모습을 보면서 '무엇이 사실이고 무엇이 의견일까?', '이 내용은 나에게 어떤 영향을 미칠까?'라는 생각을 자주 합니다.

그런데 관련 기사를 아무리 봐도 부동산 투자를 어떻게 해야 할지 대놓고 방법을 가르쳐 주지는 않습니다. 심지어 잘못되거나 사실이 아닌 추측성 내용으로 더욱 혼란스럽게 하는 경우도 비일비재합니다.

그렇지만 경제기사는 반드시 챙겨 봐야 합니다. 이를 통해 정부 정책은 물론 시장의 변화도 감지할 수 있기 때문입니다. 가령 현재 시행 중인 '다주택자 양도소득세 중과'도 실제 정책에 반영되기 전부터 관련 기사들이 하나둘씩 나오기 시작하더니 실제 입법 단계에서는 대부분 언론에서 이에 대해 다루었습니다. 발 빠른 사

람은 기사가 나오기 시작하는 초기에 내용을 파악하고 자신에게 미칠 영향을 면밀하게 검토한 후, 불필요한 주택은 매각해서 양도소득세 중과를 피하거나, 아니면 보유세를 절감하는 방안을 미리 마련할 수 있었습니다.

　지금도 마찬가지입니다. 정부는 전·월세 대책 중심의 6·21 대책 이외에 하반기에는 서민 주거안정을 위한 부동산 시장 정상화 추진 계획도 예고했습니다. 먼저 과도한 부동산세 부담을 경감하기 위해 취득세의 경우, 생애 최초 주택 구매 시 소득·가격 제한 없이 누구나 200만 원 한도 내에 면제 혜택을 받도록 할 계획입니다. 또 징벌적이란 지적을 받아 온 종부세는 세율 조정 등 근본적인 개편 방안을 추가로 확정할 예정입니다.
　다주택자의 취득, 보유, 처분 관련 세금을 모두 규제하여 빠져나갈 구멍도 없던 상황에서 조금씩 나아지는 상황입니다. 여기에 어떤 내용이 더 추가되고, 기존 내용은 어떻게 변경될지 예측하고 대응하려면, 경제기사에 관심을 가져야 하고, 기사를 정확하게 이해할 수 있는 세무 지식은 필수입니다.

이불 속에서 뒹굴다 생각합니다. '일어날까? 말까?' 자정 넘어 출출함을 느낄 때 생각합니다. '물 올릴까? 말까?' 원고를 쓰기 싫어서 비비적거리면서도 생각합니다. '꾹 참고 쓸까? 말까?'

모든 문제가 다 그러한 것은 아니지만, 매번 어떤 선택을 해야 하는 순간의 갈등은 결국 '할까, 말까'이고 그 무엇을 선택하느냐에 따라 결과는 달라지기 마련입니다.

그 자잘한 수많은 선택을 이리저리 재보고 따져보고 닥쳐올 일들을 계산하는 것은 그것만으로도 골치 아픈 일이기 때문에 저는 가능하면 선택은 단순하고 명료하게 하는 것이 좋다는 쪽입니다.

그런데 지나고 보면 그 순간의 선택을 할 때 대부분 하기 싫은 쪽을 택하면 후회가 덜 합니다. 이불을 박차고 일어나고, 배가 고플 때 한 번 더 참고, 원고를 쓰기 싫을 때 원고를 쓰면 그 순간은 고통스럽지만, 지나고 나면 더 자다가 약속에 늦어 낭패를 보거나, 결국 라면을 먹어 얼굴이 붓는다거나, 원고 독촉 전화를 받으며 스트레스를 더하지는 않으니 말이죠.

이것도 지혜인지는 모르겠으나, 저는 늘 하기 싫은 쪽을 택하려고 합니다. 그랬을 때 후회가 덜하기 때문입니다.

세금 공부를 해야 한다는 사실만으로 머리가 지끈거리나요? 하기 싫다는 생각이 든다면, 즉시 하면 좋겠습니다. 부동산은 일생을 살아가면서 떼려야 뗄 수 없는 요소입니다. 지금부터라도 부동산 세금에 관심을 가져야 합니다. 더 나아가 정부 부동산 정책과 관련한 세금을 올바르게 이해하고 제대로 활용해야 합니다. 이 책이 많은 도움이 될 거라고 자신합니다.

[저자와의 소통]

텍스코디 ···

- 메일　　guri8353@naver.com
- 블로그　blog.naver.com/guri8353

아는 만큼 돈 버는
부동산과 세금

초판발행일 | 2022년 9월 10일

지 은 이 | 택스코디 최용규
펴 낸 이 | 배수현
표지디자인 | 유재헌
내지디자인 | 박수정
제　　작 | 송재호
홍　　보 | 배예영
물　　류 | 이슬기

펴 낸 곳 | 가나북스 www.gnbooks.co.kr
출 판 등 록 | 제393-2009-000012호
전　　화 | 031) 959-8833(代)
팩　　스 | 031) 959-8834

ISBN 979-11-6446-061-8 (03320)